MODÈLES

DE

MENUISERIE.

IMPRIMERIE DE RICHOMME,

RUE SAINT-JACQUES, n°. 67.

MODÈLES

DE

MENUISERIE,

CHOISIS

PARMI CE QUE PARIS OFFRE DE PLUS NOUVEAU,

DE PLUS REMARQUABLE ET DE MEILLEUR GOUT;

ACCOMPAGNÉS

De détails et développemens qui doivent en faciliter l'exécution;

SUIVIS

D'un Abrégé de l'Art du Menuisier, et d'un Traité des Escaliers.

A PARIS,

CHEZ BANCE AINÉ, ÉDITEUR, Mᴰ. D'ESTAMPES,

Rue Saint-Denis, Nᵒ. 214.

1825.

AVANT-PROPOS.

Quand on lit les ouvrages des anciens auteurs sur la Menuiserie, et principalement l'excellent traité de Roubo, on éprouve le regret qu'ils n'aient point été publiés dans ces derniers temps. Au lieu d'y citer seulement, comme on l'a fait, les ouvrages qui méritent toute l'attention des élèves et des praticiens, on en aurait donné la gravure, et joint ainsi l'exemple au précepte. C'est pour suppléer en partie à ce qui manque aux traités théoriques et pratiques connus jusqu'à ce jour, et satisfaire aux besoins de la classe nombreuse des entrepreneurs et des architectes, que ce nouveau recueil a été exécuté. Unique, jusqu'à présent, il remplira un double but : le premier, d'offrir à l'imitation, ou à l'étude, des modèles variés, bien choisis sous le rapport du goût, de la décoration, des convenances, de la destination, applicables à la plupart des besoins, et qui n'auront d'autres modifications à subir lorsqu'on les reproduira, que celles exigées par les localités ou d'autres circonstances impérieuses ; le second, de tirer de l'oubli une infinité de compositions intéressantes, perdues, pour ainsi dire, dans la vaste enceinte de la capitale, où elles ne sont vues que par ceux qui les recherchent, et qui resteraient ignorées du reste du monde, si le burin ne prenait le soin de les publier. Lorsqu'on pense à la quantité de monumens de toute espèce que le temps anéantit successivement, et combien il se trouve parmi d'ouvrages de Menuiserie, que leur lé-gèreté rend plus périssables que d'autres, on regrette que la gravure qui, comme l'imprimerie, est appelée à perpétuer les œuvres du génie, n'ait pas encore rendu à la Menuiserie le service que lui doivent l'architecture et les autres arts du dessin : celui d'avoir conservé le souvenir de ce qu'ils ont produit de remarquable dans les beaux siècles qui ont précédé. Combien d'idées ingénieuses, de fruits du génie ont disparu sans qu'il en soit resté la moindre trace ! Si le peu d'étendue qu'il a fallu donner à ce premier recueil de *Modèles de Menuiserie*, pour ne pas le porter à un prix qui dé-passât les facultés du plus grand nombre, n'a pas permis d'y admettre une grande variété d'exemples d'une même chose, et de réunir par conséquent tout ce qui, dans chaque genre, méritait d'être gravé, il n'en sera pas moins classé, on l'espère, parmi les ou-vrages éminemment utiles, et considéré comme un monument élevé à un art jusqu'a-lors trop peu apprécié.

On voit par ce qui précède que les matériaux n'ont pas manqué et que dans cette quantité prodigieuse d'exemples de chaque espèce qui s'offraient à l'artiste chargé de les coordonner, ce qu'il y avait de difficile pour lui était d'arrêter son choix. N'ayant qu'un petit nombre de planches à sa disposition, comparativement à ce qu'il aurait pu en remplir, voici comment il a opéré : il s'est principalement attaché, pour les objets susceptibles d'une grande variété et qui sont d'un usage très-fréquent, à varier les mo-dèles de style, de forme et de décoration ; pour les grandes machines, comme pour les autres parties de la Menuiserie qui s'exécutent moins souvent, il n'a donné qu'un ou deux exemples pris dans ce que l'art a produit de plus recommandable ; il a traité plus superficiellement encore certaines parties peu susceptibles de variété dans les formes comme dans la décoration; enfin il a passé absolument sous silence une foule d'objets qu'on rencontre partout, dont l'exécution est facile pour tous les ouvriers intelligens, et qui ne comportent aucun ornement.

Pour faciliter l'exécution de ces différens modèles, il les a accompagnés des détails et développemens qui lui ont paru être nécessaires; voulant aussi que cet ouvrage fût utile au plus grand nombre, et, autant qu'il était possible, indépendant de celui de Roubo, quoiqu'il en soit, on peut le dire, le complément, on l'a terminé par une suite de principes de construction, tant des parties simples que des parties compliquées de la Menuiserie, au moyen desquels le praticien qui aura quelques notions du dessin, pourra, sans autre secours, exécuter tous les ouvrages qui lui seront proposés. Le but de ces préceptes étant plutôt de rappeler à celui qui a su, ce qu'il n'aurait plus nettement présent à la mémoire, que d'offrir un traité complet de l'art, on conçoit qu'il convenait de s'appesantir davantage sur les parties qui offrent le plus de difficultés; c'est ce qui a été fait; aussi a-t-on consacré à la construction des escaliers et de leurs différentes parties, aux principes des projections à l'aide desquels on trace et développe leurs courbes rampantes et leurs cercles rallongés, six planches sur les douze consacrées à cet objet.

On n'entrera point ici dans le détail des objets contenus dans ce recueil, l'inspection de la table des matières y suppléera; il n'est point nécessaire non plus de chercher à faire apprécier les soins de toutes espèces que les artistes qui ont coopéré à son exécution ont pris pour le porter à un degré de perfection qui le rendît digne de l'accueil d'un public éclairé; les noms de M. Bury, architecte, auteur et dessinateur de l'ouvrage; de MM. Normand, Thierry, Hibon, Olivier, graveurs; de M. Crussière, ancien professeur de trait de Menuiserie, auteur et rédacteur du Traité de construction qui le termine, sont assez connus pour inspirer la confiance à ceux qui ne sont pas à portée de juger de son mérite par eux-mêmes.

EXPLICATION DES PLANCHES.

PREMIER CAHIER.

GRANDES PORTES.

PLANCHE PREMIÈRE.

Cette belle porte est l'une de celles qui ont été exécutées depuis peu dans l'église de Sainte-Geneviève de Paris, sur les dessins de M. Baltard, architecte de cet édifice, et qui, placées à droite et à gauche de la grande porte, donnent entrée aux bas-côtés. Elles sont très-riches et ornées de caissons, dont la division, en même temps simple et variée, forme divers panneaux enrichis de beaux ornemens. Les détails se composent de rosaces et de feuilles en arabesques taillées en plein bois, dont le style et la forme, inspirés de l'antique, sont d'une manière large et sévère.

L'exécution en est très-soignée dans toutes les parties, et digne du monument auquel elles appartiennent. Elles sont en noyer.

PLANCHE 2.

Cette seconde planche contient les principaux détails de la porte précédente, dessinés sur une plus grande échelle. On y trouve les différentes moulures des compartimens et caissons, les rosaces d'angles, qui sont partout les mêmes; les groupes des feuilles des petits panneaux et les ornemens courans des frises qui se répètent dans toutes les parties.

PLANCHE 3.

Cette planche contient trois belles portes, dont deux sont tirées du musée de sculpture, au Louvre, et la troisième représente une de celles qui se trouvent placées, à Sainte-Geneviève, aux extrémités des galeries. Ces dernières sont au nombre de seize : deux dans le mur de face, six au fond, et quatre à chaque bout de la croisée. Quoique petites en comparaison des portes principales du même édifice, elles sont encore d'une grande dimension, comme on en peut juger par l'échelle. La composition en est sage et ferme; les ornemens y sont peu nombreux, et l'exécution ne laisse rien à désirer. Comme c'est un exemple qui mérite d'être reproduit, et qui peut s'adapter, dans plusieurs cas, aux portes d'appartemens, dites portes à placard, nous en donnons les détails de construction sur la planche 62, sous les nᵒˢ. 81, 82, 83.

Des deux autres, l'une est encore plus simple, n'étant ornée que de moulures; mais celle qu'on voit au milieu, et qui est une des portes principales du Musée, est très-riche et d'un excellent goût. Sa forme ceintrée était obligée par la localité, en ce qu'elle s'élève jusqu'à la voûte, et le bas-relief dont elle est ornée fait partie de la décoration générale de la salle. Les panneaux sont d'un beau rapport, et les détails bien traités. Parmi ces détails, rapportés plus en grand sur la même feuille, on y remarquera particulièrement les canaux, dont la forme est originale.

PLANCHE 4.

De ces deux figures, l'une est gothique et l'autre est celle des portes qui ferment les bas-côtés de St.-Etienne-du-Mont, de chaque côté du chœur. Elles appartiennent au temps dit : de la renaissance ; le travail en est délicat et précieux, et la proportion charmante. Elles sont à jour, et remplacent avantageusement une grille. Les ornemens et les figures qui les décorent sont bien ajustés et bien sculptés, et quoique les profils des moulures présentent quelques parties qui tiennent encore un peu du gothique, il y a en général une finesse et une grace qui décèlent l'étude de l'antique, dont les artistes de ce temps-là tâchaient de se rapprocher.

L'autre porte est rue St.-Hyppolite ; elle est encore en place, et tient à une petite maison qu'on dit avoir appartenu à une reine Blanche, femme ou sœur de Philippe de Valois. Ce morceau de menuiserie gothique est très-curieux, non-seulement par son âge et la place qu'il occupe, mais encore par sa beauté particulière. Indépendamment des détails qui sont finis avec soin, la proportion de toutes ses parties est bien entendue : elle a un certain grandiose qui plait, et il n'y a pas de doute qu'une pareille porte, traitée en grand, d'un bon style et bien sculptée, ne fût digne de fermer l'entrée d'un temple ou d'un tribunal. Elle est très-ruinée, et les arabesques ont presqu'entièrement disparu dans certains endroits.

PLANCHE 5.

On donne ici deux exemples de portes-cochères : la première est de l'hôtel Tarare, rue du Temple. Cette porte est dans la forme ancienne, et ordinaire, mais les détails et les bas-reliefs sont d'une bonne sculpture. On voit sur chacun des ventaux un médaillon : ils renferment quatre figures : les vertus cardinales ; au-dessous sont les armes de la maison; plus bas des têtes de Méduse parfaitement ajustées, supportent le marteau. Au revers il y a deux bas-reliefs bien composés, mais d'un genre moins sévère.

L'autre porte est dans le genre militaire : des enseignes, des boucliers, des têtes de chevaux, etc. la décorent; elle est moderne, et tous ses détails sont de bon goût et bien ajustés.

PLANCHE 6.

Cette planche contient des portes plus petites, mais cependant donnant sur la rue. L'une est une porte bâtarde, rue Hauteville, dont l'aspect général et les profils en particulier ont beaucoup de caractère. On en a donné un détail. Les divisions des panneaux sont bien en proportion, et les champs, qu'enrichissent des clous ou rosaces saillantes, font un bon effet.

L'autre appartient au théâtre du *Diorama* : on l'a donnée plutôt pour sa composition générale que pour sa proportion, la frise et la corniche étant un peu fortes.

La troisième représente l'une des petites portes latérales de St.-Jean du Chardonnet. Ces portes, en chêne, sont solides et bien exécutées ; le peu d'ornemens dont on les a embellies relève encore leur simplicité, véritable caractère des portes d'un temple chrétien.

DEUXIÈME CAHIER.

SUITE DES PORTES.

PLANCHE 7.

Cette planche contient deux grandes portes : la première sert d'entrée à St.-Nicolas-des-Champs. La composition en est savante et très-riche ; la sculpture est d'une bonne main, et il y a quelques détails originaux dans les panneaux et les profils. On a donné à côté une grande partie des détails, pour qu'on puisse se faire une juste idée du mérite de cet important ouvrage.

L'autre est une porte-cochère, faubourg St.-Honoré, construite dans le genre moderne. La proportion en est grande et belle, et toutes les parties sont profilées et ajustées avec beaucoup de goût et d'élégance. Le ceintre a été tenu à jour et vitré, mais les balustres ou rayons sont en bois ; le couronnement et la frise au-dessous offrent de beaux détails, et les caissons sur-tout sont d'un très-bon style, ainsi que les couronnes dont ils sont ornés. En général, cette porte peut passer pour un des plus beaux modèles qu'on puisse offrir à l'étude, parce qu'il sort de la routine ordinaire des anciennes porte-cochère, sans que son originalité ait rien de bizarre. Il est d'une beauté qu'on appréciera dans tous les temps. La même maison a deux portes pareilles ; elles sont placées symétriquement à chacune des ailes.

PLANCHE 8.

Voici encore deux portes d'une grande manière et d'une richesse peu commune : l'une des deux est attribuée à Philibert Delorme ; elle servait d'entrée à la chapelle des Orfèvres, qui n'existe plus. Elle est cependant encore en place, mais singulièrement mutilée, et ce n'est qu'avec beaucoup de peine qu'on est parvenu à mesurer tous ses profils qu'on voit gravés à côté. On a mis tout le soin possible à restituer cet ouvrage et à le sauver de l'oubli auquel il est voué, tant à cause du mérite de cette production, que par respect pour le maître qui passe pour en être l'auteur. La proportion générale et particulière des panneaux est parfaitement bien entendue, ainsi que les ornemens, qui vont en augmentant de richesse jusqu'en haut.

L'autre porte, de proportion colossale, est la porte principale de l'église du Val-de-Grâce. On ne saurait trop admirer la grandeur et l'élégante simplicité de ce bel ouvrage. Une simple grecque en orne les champs, et laisse briller les panneaux, qui sont entourés de moulures fermes et sans ornement. Ces panneaux étaient primitivement décorés de fleurs de lys et d'armoiries qui ont été détruites, mais dont la trace qui en restait a mis sur la voie pour les restaurer.

PLANCHE 9.

On donne encore sur cette planche une porte-cochère dans le genre rustique. Elle servait, dans l'origine, d'entrée à une brasserie. La masse en est très-ferme, et les détails légers : les ogives sont à jour, et renforcées au revers par des bandes de fer transversales.

On a placé sur la même feuille plusieurs exemples de barricades légères ou fermetures en bois, à hauteur d'appui. On y remarquera celle qui unit les colonnes de la rotonde du Palais-Royal : elle est dans le genre arabesque et bien exécutée. Celle qui est au-dessous, et qui vient du jardin Turc, est originale et bien dans le style des ouvrages turcs et chinois. Une autre, qui vient du cimetière du Père Lachaise, est ornée de flambeaux. Les deux qui sont placées au bas de la planche servent à fermer des entrées de magasin ; on y adapte ordinairement une sonnette, ainsi qu'aux portes battantes, pour avertir lorsqu'il entre quelqu'un.

PLANCHE 10.

Cette planche contient des portes vitrées, ainsi que des panneaux, fenêtres et châssis à verres de plusieurs espèces. On a eu le soin d'en choisir dont les compartimens fussent bien différens, et pussent s'adapter aux baies de toutes grandeurs et de toutes figures. On y a placé entr'autres de grandes fenêtres ceintrées, venant du bâtiment des montagnes de Belleville. Les carreaux en sont divisés d'une manière ingénieuse pour l'œil et la solidité. Il y en a plusieurs de l'ancien jardin Turc qu'on a rapportés pour en conserver le souvenir ; et enfin quelques portes vitrées de bains et autres lieux, dont la composition est légère, solide et convenable.

PLANCHE 11.

Cette planche offre plusieurs exemples de ces barricades, portes légères et battantes, dont l'usage est si général dans les villes commerçantes. On a choisi de préférence celles qui offraient des combinaisons ingénieuses et originales. Il y en a plusieurs qui servent, en quelque sorte, d'enseignes, et qui portent des noms, des adresses ou des numéros. On remarquera celle qui occupe le milieu, et qui est la porte de l'allée d'un luthier, rue Dauphine ; elle est à jour, et composée d'instrumens de musique.

Il y en a deux de la cour Batave dont la construction est singulière et solide ; d'autres, variées de grandeurs, de hauteurs et de formes, complètent cette planche, qui suffira pour donner une idée de ce qu'on peut faire en pareille occasion.

PLANCHE 12.

On a dessiné sur cette planche, exactement et dans tous ses détails, une des grandes croisées du premier étage de la cour du Louvre. Ne voulant donner qu'un seul exemple de cette espèce, on a dû donner la préférence à l'une de ces croisées qui sont faites depuis peu, d'une grandeur colossale, et dont toutes les parties ont été établies avec beaucoup de soins et de dépenses.

Les proportions, les moulures, les assemblages, dignes en tous points d'être remarqués, ont été mesurés, dessinés, détaillés et rendus avec beaucoup de précision : on verra sur cette planche comment les volets se replient et se logent dans les embrasures ; l'assemblage employé pour les châssis vitrés et les panneaux de soubassement, ainsi que pour le chambranle, la frise et la corniche, qui sont posés sur le nud du mur.

Un des volets a été tenu fermé, pour mieux faire sentir sa construction.

TROISIÈME CAHIER.

PORTES GRILLÉES.

PLANCHE 13.

Ces deux belles portes de la cour du Louvre, qui se répètent tout au pourtour du rez-de-chaussée, datent du temps de la dernière restauration de ce palais, par MM. Percier et Fontaine, qui ont eu soin de les composer et de les orner de manière à être en harmonie avec l'architecture qui les entoure ; c'est ce qu'on peut remarquer dans la plus grande, dont les panneaux sont de la forme usitée dans les menuiseries du temps de Henri II.

Leur proportion est belle et sévère, et les ornemens taillés avec soin. Elles sont enrichies de boutons en cuivre, et leurs panneaux à jour sont fermés par des grillages en fer, garnis de rosettes en cuivre, et vîtrés du côté intérieur. Ces ouvrages font autant d'honneur aux habiles architectes qui en ont dirigé l'exécution, qu'à l'ouvrier à qui elle a été confiée.

PLANCHE 14.

Cette planche contient d'abord la porte grillée du Petit-Châtelet, sur la place du même nom, dont la proportion générale est ferme, simple et large ; la sobriété d'ornemens qu'on y remarque, ajoute encore à son caractère de sévérité.

La porte de la maison rue Lenoir ne donne point passage aux voitures, mais elle est d'une grande dimension. La grille du ceintre, en éventail, celle du panneau du milieu, et les dormans de chaque côté, ornés de caissons, méritent d'être remarqués. On a donné une portion de plan, ou coupe transversale de chacune de ces portes, pour en bien faire sentir la construction.

Au centre de la planche sont plusieurs panneaux de portes grillées, où le fer est employé en compartimens ingénieux.

PLANCHE 15.

Cette planche renferme deux portes-cochères, ornées de panneaux de grilles, avec leurs détails. La première, rue Notre-Dame-Nazareth, sert d'entrée à la maison de M. Feucher, fabricant de bronzes. La menuiserie en est large et bien traitée, sur-tout dans la baguette du milieu, qui est ornée avec goût. Les grillages des panneaux à jour se composent de barres de fer et de plusieurs ornemens en bronze, qui sont riches et d'une élégante distribution. Cette porte, ainsi à jour, laisse apercevoir une cour décorée avec goût de plusieurs monumens antiques.

L'autre porte est plus commune, mais le panneau en fer est à remarquer, ainsi que celui qui occupe le milieu de la planche, et qui vient d'une maison rue de Cléry. Dans ces divers exemples, les contours du fer remplissent les baies avec grace et solidité.

PLANCHE 16.

On voit sur cette planche une porte qui sert de clôture à un vestibule ayant son entrée par la rue de Valois. On a eu l'idée singulière d'y sculpter de chaque côté une lyre en bois, dont les cordes en fer forment le grillage de la porte. Les numéros sont aussi en fer, sur un espace à jour ; le reste est plein. La sculpture est bonne, et relève le mérite de l'invention. Cette porte, ainsi décorée, pourrait s'employer dans plus d'une occasion, et notamment pour un théâtre. On en a donné la coupe à côté.

Les deux petites portes, à droite et à gauche de celle-ci, sont très-simples, sur-tout celle de la rue Dauphine ; l'autre vient d'un cloître, et le grillage y forme une espèce de treillis, qui est solide et d'un bon effet.

PLANCHE 17.

Des quatre portes réunies sur cette planche, les deux premières ont une certaine importance, quoiqu'elles ne ferment que des vestibules donnant sur la rue. Celle de la rue de Tournon se fait remarquer par l'entrelas des barreaux, qui forme, surtout dans l'hémicycle, un ornement agréable et solide. La proportion des diverses parties de ces portes est bonne et bien convenable pour l'usage.

Les deux autres sont plus petites ; les grilles en sont variées et bien ajustées. Celle de la rue de la Monnaie a été choisie à cause de l'arrangement des flèches dans une de ces formes bâtardes, et dont la décoration offre toujours des difficultés qui se rencontrent souvent.

PLANCHE 18.

Cette feuille contient quatre portes d'allées avec leurs détails. Elles sont toutes d'un goût différent, et trois d'entre elles ont au-dessus un grillage fixe. Leurs panneaux sont variés de formes et de construction, et celui qui représente des écailles dans un bouclier est très-original.

La serrurerie étant presque l'objet principal dans ces sortes d'ouvrages, on a dessiné sur les marges, et sur une plus grande échelle, les parties qui ont paru en avoir besoin, pour qu'il n'y ait aucune incertitude, dans le cas où l'on voudrait en exécuter de semblables.

QUATRIÈME CAHIER.

MENUISERIE D'ÉGLISE.

Il n'est pas de travaux plus importans en menuiserie, que ceux qui s'exécutent dans les édifices religieux. Susceptibles, pour la plupart, du plus grand style et du plus noble caractère ; exécutés ordinairement sur une grande échelle et avec cette absence de parcimonie qui laisse toute latitude au génie, l'artiste peut alors créer des monumens durables de son art, et léguer aux générations futures un témoignage de son habileté et du degré de perfection auquel l'art était arrivé au siècle où il a vécu. Ces considérations ont engagé l'éditeur de cet ouvrage à réunir dans les quinze planches qui suivent, les modèles de ces sortes d'ouvrages les plus susceptibles de fournir d'heureuses inspirations à ceux qui seront appelés à exécuter de semblables travaux.

PLANCHE 19.

Cette planche contient le plan, la coupe et l'élévation, avec quelques profils et ornemens, du porche ou portique intérieur de l'église St.-Nicolas-des-Champs. Ce porche, l'un des plus importans qui soient exécutés à Paris, remplit toutes les données qu'on peut exiger, et cet exemple, réuni à ceux que contient la planche 22, suffira pour faire bien comprendre la disposition de ces sortes d'édifices, leur construction et le genre de décoration dont ils sont susceptibles.

On voit, par le plan, qu'il se lie parfaitement avec le vestibule d'entrée, au moyen de trois portes qui débouchent dans l'église. Cette entrée s'agrandit encore dans l'intérieur, par la suppression de deux pilastres sous le devant de la tribune, disposition qui est ingénieuse, en ce qu'elle donne un large passage à la foule dans les grandes cérémonies.

La coupe indique la construction des diverses parties. On y voit que le vestibule d'entrée est couvert d'un plafond divisé par deux poutres soutenues vers le mur de face par des consoles, et que ce plafond porte un plancher qui est de plain-pied avec la tribune où est placé l'orgue.

L'élévation montre la proportion générale de l'ensemble. Des pilastres ioniques, d'une bonne proportion, portent des soffites qui encadrent les plafonds ; ceux-ci sont garnis de modillons, dont on voit le détail sur la même feuille. Cet ensemble est excellent dans toutes ses parties ; il satisfait l'œil et remplit bien la destination générale d'un porche, qui est de donner plus de noblesse à l'intérieur de l'église et de soutenir une tribune.

PLANCHE 20.

On donne ici un ensemble général, avec plan, coupe et détails, de la chapelle dite du Saint-Esprit, à St.-Gervais.

Il est difficile de trouver une chapelle dont l'arrangement soit plus satisfaisant sous tous les rapports. L'autel est convenablement placé et orienté, et, par sa masse, fixe d'abord les regards. La décoration, en forme de portique garni de bancs, qui lui sert d'enceinte, lui est bien subordonnée, et cette disposition, quoique particulière, ne cesse cependant pas de faire partie de la décoration générale de l'église, avec laquelle cette chapelle communique dans toute sa largeur. Quant à sa décoration en elle-même, les motifs en sont bien conçus, sauf quelques détails un peu hasardés ; les ordres y sont bien en proportion et bien exécutés. On voit vis-à-vis de l'autel le siége de l'officiant, qui, suivant l'ancien usage, est plus orné que le reste, et attire l'œil du spectateur. On n'entrera dans aucun détail sur les diverses parties de cette chapelle, qui est bien rendue et bien gravée, avec les échelles. La menuiserie est appliquée sur le nud du mur, et la ponctuation marquée B indique la partie en retour du côté intérieur de l'église.

PLANCHE 21.

Parmi les ouvrages en menuiserie qui servent à la fois de meuble et de décoration aux édifices sacrés, les bancs-d'œuvre, où se tiennent les marguilliers, notables, etc. pendant l'office, forment une partie d'autant plus intéressante, qu'elle doit toujours porter un certain caractère de richesse ou de splendeur proportionné à l'importance du monument. Quoique ces bancs ne soient, pour ainsi dire, qu'un meuble fixe, leur disposition est cependant à considérer, et voilà pourquoi on donne ici les plans de ceux qu'on rapporte. On y verra la manière dont les bancs sont disposés, suivant les rangs et même l'élévation de quelques-uns au-dessus du sol.

Pour la décoration de ces sortes de constructions, on ne peut établir de règles fixes ; tout ce qu'on en peut dire, c'est qu'elle doit être en harmonie avec ce qui l'entoure, principe trop peu suivi. Les bancs d'œuvre qu'on voit ici, diffèrent entre eux de richesse et de caractère. Celui du haut de la planche vient de St.-Germain-l'Auxerrois : il est riche et d'un travail extrêmement précieux ; on y admire plusieurs parties d'ornemens découpées à jour avec un soin tout particulier. Le motif général en est bon, et l'ordre est très-bien exécuté.

L'autre, plus moderne et beaucoup plus simple, n'est pas sans mérite sous le rapport de la composition et de l'exécution : c'est une espèce d'arc de triomphe, dont l'ordre et les profils sont d'une bonne manière ; la corniche du couronnement est néanmoins un peu forte.

PLANCHE 22.

Sur cette planche on a rapporté deux autres porches, moins considérables que celui qu'on a vu précédemment, mais pourtant assez importans par leur disposition et la place qu'ils occupent.

Le premier est tiré de St.-Germain-des-Prés. Il est en partie gothique et en partie restauré avec des colonnes ioniques, qu'on a tirées évidemment d'un autre édifice. Quoi qu'il en soit, son plan est bien entendu, et il se trouve placé dans l'intérieur de l'église, sans gêner en rien la porte d'entrée, à laquelle il sert de portique et en même temps de support à la tribune où est placé

l'orgue. On y voit des arcs ogives et d'autres détails go-
thiques, parmi lesquels on distingue la balustrade de
la tribune, gravée plus en grand à côté.

Celui que l'on voit au-dessous, vient de St.-Eustache.
Deux porches pareils sont placés de chaque côté de cette
églises, aux portes latérales. Ce ne sont que des espèces
de coffres ou de tambours, pour empêcher la communication de l'air extérieur, et, sous ce rapport, ils remplissent parfaitement leur destination. Leur proportion
est ce qu'elle doit être, elle a été soumise aux localités ;
leur décoration est très-simple, mais les profils en sont
bien, et leur construction, légère mais solide, est bien
entendue dans toutes ses parties.

PLANCHE 23.

Dans les deux planches suivantes, on donne plusieurs
décorations d'autels. Parmi le grand nombre qu'offrent
les églises de la capitale, on a choisi de préférence celles
qui étaient composées d'ordres différens.

La première, d'ordre corinthien, est tirée de Saint-
Thomas-d'Aquin. Elle est fort bien exécutée : la menuiserie est appliquée sur le mur, où est une niche avec une
figure de saint Vincent de Paule. L'autel est en marbre,
et environné d'une balustrade en fer.

La seconde est d'ordre ionique, et richement ornée ;
les profils en sont purs, et les détails d'un bon goût.
L'autel est en bois, et le tout est peint en blanc, avec
des ornemens en or. Cette décoration d'autel est tirée
de St.-Germain-l'Auxerrois.

PLANCHE 24.

Au haut de cette planche est figurée la décoration de
l'autel consacré à sainte Geneviève, dans l'église pa-
roissiale de Ste.-Marguerite. Elle est exécutée en bois de
noyer naturel, et avec beaucoup de perfection. Cette
décoration se répète de l'autre côté de l'église, à l'autel
consacré à sainte Agnès. Les profils en sont très-soignés.

Le petit autel d'ordre dorique qu'on voit au bas, est
un des plus petits qu'on puisse faire : il est consacré à la
Vierge, et se trouve dans la chapelle souterraine de St.-
Roch. Tout y est construit en bois très-léger et sans aucun luxe. La proportion ayant paru bonne et les détails
fins et corrects, on a cru devoir l'offrir comme modèle
bon à reproduire.

CINQUIÈME CAHIER.

LES CHAIRES A PRÊCHER.

PLANCHE 25.

Les chaires à prêcher ont été, de tout temps, des morceaux d'une exécution difficile, et dans lesquels on s'est
plu à répandre des ornemens nombreux et quelquefois
bizarres. Plusieurs qui passaient pour des chefs-d'œuvre
ont perdu ce titre avec les années, et l'on en a construit
dans ces derniers temps, qui, certainement, peuvent le
disputer, pour la beauté et la régularité, avec celles qui
jouissaient anciennement de la plus grande réputation :
telle est celle de St.-Thomas-d'Aquin, représentée sur
cette planche. Exécutée depuis quelques années, elle peut,
à bon droit, passer pour un des meilleurs modèles dont on
puisse recommander l'imitation. Toutes ses parties sont
dans un juste rapport, et joignent l'élégance à la simplicité. Les ornemens, distribués avec discrétion et sagesse,
sont du meilleur goût, et l'on jugera par les détails, gravés à côté, de la pureté et de la sévérité des profils,
aussi bien que de la bonne proportion de l'ensemble, au
moyen de l'élévation et la coupe qu'on en a données. Le
plan fait sentir la disposition de l'escalier.

De tout temps la construction de cette partie des chaires
à prêcher a embarrassé les menuisiers; nous croyons avoir
levé plus d'une difficulté dans le traité particulier sur la
construction des escaliers qui termine ce recueil : nous y
renvoyons, et ne donnons sur cette planche que les détails des parties qui composent le coffre de la chaire. La
manière de profiler les rampes en bois, dont les moulures
alors deviennent rampantes, n'ayant jamais été bien indiquée, plusieurs artistes modernes, incertains sur le
parti à prendre, ont substitué les rampes en fer aux rampes
en bois ; c'est ce qu'on vient de faire pour la chaire à
prêcher de St.-Roch. Pour cet objet, voyez encore le
traité des escaliers, à la fin de ce recueil.

PLANCHE 26.

La chaire à prêcher de St.-Etienne-du-Mont, représentée sur cette planche, est une des plus célèbres qui existe;
est-ce à juste titre? c'est ce que nous n'osons décider.
L'Estoccard, d'Arras, qui passe pour en être l'auteur, était
évidemment sculpteur et menuisier, et possédait des con-
naissances positives en architecture, comme on en peut
juger par les profils des ordres et autres détails; mais il
semble s'être attaché principalement à faire briller son
talent pour la sculpture, et, sous ce rapport, il a parfaitement réussi. Que ce soit lui ou non qui ait composé les
bas-reliefs, ils passent avec raison pour des chefs-d'œuvre
de sentiment et d'exécution, et c'est assurément la partie
brillante de cette chaire à prêcher, qui est très-riche,
mais dont toutes les parties n'offrent pas la même cor-
rection. Elle est soutenue par une figure de Samson, et
ornée d'autres figures de ronde bosse qui garnissent des
piédestaux placés autour. Elle est adossée à un des piliers de l'église, autour duquel tourne l'escalier, également décoré de beaux bas-reliefs.

La même planche offre deux médaillons où sont dessinées d'autres chaires à prêcher dont les dispositions
ont été jugées convenables, sur-tout pour les escaliers.
Des deux autres qu'on voit au-dessous, l'une vient d'être
faite à Ste.-Geneviève. Elle est recouverte d'une calotte
circulaire, posée sur un entablement droit, qui est en
partie porté en avant sur des consoles. Le fond de la
niche est garni de draperies. L'autre, exécutée en noyer
naturel, est à St.-Ambroise. On doit faire attention à l'extrême simplicité de cet ouvrage, dont la qualité du bois
fait la principale richesse : toutes les parties en sont bien
entendues et d'une très-belle exécution.

Planche 27.

Voulant donner quelques exemples de stalles, on a commencé par offrir un aperçu de la construction de toutes les pièces dont elles se composent, qu'on a tiré de l'excellent traité de Roubo. Comme ce genre d'ouvrages ne s'écarte jamais de certaines données, et que celui qui construit bien une stalle, ne peut jamais être embarrassé pour en construire d'autres, quelque soient les localités, celle que nous avons prise pour exemple, et que nous avons détaillée dans toutes ses parties, suffira dans tous les cas.

On en trouvera donc ici la coupe, avec la construction des cloisons, des sommiers, des patins, etc.; la manière de faire les museaux ou appuis, et de les assembler; les détails des siéges ou miséricordes, qui doivent se relever et s'abattre; enfin, au moyen des lettres de renvoi, on pourra se rendre compte de chacune des pièces qui entrent dans la composition d'une stalle, et de la manière dont elles s'assemblent.

Planche 28.

Cette planche contient plusieurs exemples pour la forme et la décoration des stalles. On verra, par les coupes, comment elles se placent par rangs les unes devant les autres, en élevant un peu celles de derrière. Quant à leur division générale, elle dépend de la figure et de la grandeur du chœur de l'église; mais elles doivent toujours être garnies de marches, commodes pour la circulation, dans le bout des différentes rangées, et les planchers doivent être solidement établis sur le pavé en pierre.

Parmi celles qu'on voit sur cette feuille, il y en a de mi-gothiques, tirées de St.-Gervais, qui sont bien exécutées, et d'autres de St.-Etienne-du-Mont, qui paraissent réunir tout ce qu'on peut désirer pour la décoration de ces sortes d'ouvrages.

Planche 29.

On termine ce cahier par les confessionnaux, meubles très-multipliés, et qui servent quelquefois, outre l'objet de leur destination, à la décoration générale des chapelles ou des bas côtés des églises. Quoiqu'ils ne tiennent qu'une très-petite place dans ces vastes édifices, on regrette souvent que le style n'en soit pas plus d'accord avec l'ensemble du monument, ou qu'ils ne soient pas placés plus régulièrement, pour contribuer à l'effet général.

Ceux qu'on donne ici ont été choisis très-différens de forme; mais il est aisé de remarquer que leur disposition et même leurs dimensions sont et doivent être toujours à peu près les mêmes.

Celui qu'on voit en tête de la planche, vient de St.-Nicolas-des-Champs. On en trouve plusieurs de cette forme dans cette église, qui en contient beaucoup d'autres, et où l'on paraît s'être attaché, plus qu'ailleurs, à leur décoration. Ils y sont toujours pareils, deux à deux, et placés en pendans dans les chapelles, où ils forment un ensemble régulier de décoration. Quant au détail, on y remarquera la frise et le couronnement, ainsi que le panneau en bois travaillé à jour avec beaucoup de soins. Le plan et la coupe indiquent la construction de toutes ses parties.

L'autre, en bois d'acajou massif, est bien profilé et chargé de peu d'ornemens : la matière dont il est fait lui tient lieu de richesse.

Planche 30.

Le premier de ces deux confessionnaux n'est pas sans caractère, quant à sa forme générale. Il est recouvert d'une espèce de dôme, qui en augmente la hauteur, et sa porte bombée s'ouvre en dehors. On voit à côté tous les détails de ses divers assemblages.

Le second est très-simple, et vient de St.-Philippe-du-Roule, où l'on en voit quatre de la même forme et de la même grandeur. Ils sont symétriquement placés de chaque côté de la nef, et servent ainsi à meubler et décorer l'intérieur de l'église.

SIXIÈME CAHIER.

LES ORGUES.

Planche 31.

On commencera par l'orgue de St.-Sulpice, comme étant le plus grand et un des mieux disposés pour l'effet, depuis qu'on a abandonné l'ancienne manière, qui offrait plusieurs inconvéniens, et sur-tout beaucoup de porte-à-faux. Celui-ci repose en plein sur la tribune en pierre, qui forme portique intérieur soutenu par un ordre composite. Il est disposé, comme on en peut juger par le plan, en espèce d'amphithéâtre garni de colonnes corinthiennes qui supportent un riche entablement, avec des groupes de figures. Entre les colonnes sont les tuyaux, et le tout pose sur un soubassement qui l'élève encore et lui donne de la majesté. En avant est le positif ou petit orgue, qui sert dans les cérémonies ordinaires. L'organiste, placé entre celui-ci et le grand orgue, est par conséquent à même de toucher l'un ou l'autre des claviers. On ne peut disconvenir que cette masse de décoration, qu'on doit sûrement à Servandoni, ne soit très-imposante et bien préférable à tout l'échafaudage plus ou moins riche des orgues anciens; et si l'on élevait quelques doutes à ce sujet, en alléguant la perfection ou la conservation des instrumens de vieille facture, ils seraient suffisamment réfutés par celui-ci, qui, considéré comme moderne, quoique construit depuis nombre d'années, passe généralement pour l'un des meilleurs orgues de Paris.

Planche 32.

On a rassemblé sur cette planche les principales pièces qui servent à la construction d'un orgue, quelque soit la décoration qu'on adopte pour l'extérieur. Les diverses parties de l'instrument doivent être logées dans une boîte qui est toujours à peu près la même, et proportionnée à la grandeur de l'orgue. Cette caisse doit être solidement établie et assemblée, et même retenue aux grosses constructions, au moyen de tirans en fer, afin qu'elle soit préservée de tout ébranlement ou désunion, ce qui nui-

rait à l'instrument. On voit ici la coupe et la face posté-
rieure de cette carcasse, avec les tourelles qui contiennent les tuyaux ; la construction de ces mêmes tourelles,
et la manière dont on les fait supporter par des consoles,
dans le cas où elles sont en porte-à-faux : tous ces détails sont tirés de l'excellent, mais volumineux et rare,
ouvrage de Roubo, sur *l'art du menuisier.*

PLANCHE 33.

Cette feuille contient d'abord un petit orgue récemment établi à Ste.-Marguerite : il est en noyer, parfaitement exécuté, et des plus petits qu'on puisse faire ; mais
son mérite n'en est pas moins grand, puisqu'il remplit
bien toutes les données, et que sa décoration et la solidité de sa construction méritent des éloges. Il est cou-
ronné par des consoles, qui réunissent les petites tourelles à la grande, et orné de têtes de chérubins, qui
retiennent les tuyaux à leurs places. Il est placé sur une
tribune, au-dessus d'un arc surbaissé formant l'entrée
de l'église. Tous ses détails sont dessinés à côté ; on y
verra que ces différentes pièces sont consolidées par des
broches et des équerres en fer, qui empêchent toute espèce de mouvement.

On a déjà eu occasion de voir plusieurs tribunes d'é-
glises dans le cours de cet ouvrage ; celle qu'on donne ici
est d'un genre différent ; elle est située à Fontainebleau,
et orne la grande salle des banquets, dite salle des Cent-
Suisses. Elle servait à contenir les musiciens pendant la
durée des festins, et elle fut exécutée sous François Iᵉʳ.
ou Henri II, à la même époque que cette grande salle,
qui est une des plus belles choses de ce palais.

On remarquera qu'elle est presqu'entièrement décorée
des chiffres et attributs de Diane de Poitiers, et que jusqu'aux feuilles de chêne qui ornent les consoles, tout
y a rapport à cette belle maîtresse d'Henri II.

Les profils de cette tribune sont purs, et les caissons, formant plafond en dessous, sont enrichis d'une
grecque et de rosaces d'un très-bon goût. Cet ancien ouvrage est d'une exécution parfaite, comme le sont toutes
les parties de ce château qui ont été bâties à cette même
époque.

Le bois est resté sans aucun enduit, et seulement
doré dans quelques endroits.

PLANCHE 34.

Les trois planches qui suivent sont consacrées à offrir
quelques modèles de plafonds, ouvrages qu'on peut considérer comme monumentals par leur importance, et
dans lesquels le menuisier peut donner essor à son génie
et faire preuve de talent comme constructeur et comme
décorateur. Celui qui est placé au haut de cette planche,
est exécuté à la *Villa-Medicis*, à Rome. Il est peu
chargé d'ornemens, mais d'un beau profil ; on n'y voit
que quelques moulures taillées de perles et de denticules :
une partie du profil forme de grands caissons entre les
poutres de la chambre, qui se trouvent ainsi cachées, et
la partie inférieure règne autour de la pièce en forme de
corniche. On a placé, dans les angles, des rosaces en bois
très-saillantes, qui font un bon effet. Ces espèces d'ouvrages, construits simplement, sont d'un grand usage à

Rome, où l'on en voit dans presque toutes les maisons.
Ils ne diffèrent entre eux, le plus souvent, que par le plus
ou le moins de richesse : ils y portent le nom de *soffito.*

Le second plafond a été exécuté à Paris, dans une petite galerie servant de bureau et de bibliothèque à un
architecte. On n'en voit ici qu'une portion. On remarquera que les caissons forment la partie du plafond proprement dite, et que les portraits d'architectes anciens,
qui se trouvent de chaque côté, sont en retombée et ap-
pliqués sur un talus exigé par les localités. Ce petit plafond est riche, mais plutôt par les peintures que par sa
propre forme. On l'a donné comme un exemple de ce
qu'on peut tenter, lorsqu'on a besoin de décorer les étages
les plus élevés de nos habitations.

PLANCHE 35.

Voici deux exemples de plafonds, les plus importans
qu'on puisse faire : on les a mis en parallèle sur la même
feuille, pour pouvoir les comparer l'un à l'autre, et faire
quelques observations sur leur analogie et leurs diffé-
rences essentielles.

L'un est exécuté à Ste.-Marie-Majeure, à Rome, et
tous ceux qui ont vu cet édifice, l'une des premières ba-
silique du monde chrétien, savent quel effet il produit
par la richesse et la sage distribution de toutes ses parties.
L'autre est à Fontainebleau, dans la grande salle des
Cent-Suisses, dont nous avons déjà parlé. Il est exécuté
en bois naturel, sans aucun enduit ni couleur, mais doré
dans les principales parties ; il n'a que trois caissons en
largeur : sa longueur est considérable. On remarquera
dans l'un et dans l'autre la différence de la construction,
et sur-tout les diverses inclinaisons de la toiture, qui
tiennent chacune à ce qu'exige le climat des pays où ils
sont exécutés.

Le premier est chargé de dorures et d'ornemens, mais
sans confusion ; le second se compose de simples moulures dont le profil est très-fin et plein de caractère ; ils
datent à peu près du même temps, mais celui de Rome
se ressent davantage de l'étude de l'antique, dont les artistes de cette époque étaient pénétrés ; celui de Fontainebleau, tout aussi savant dans la conception générale,
tient néanmoins encore un peu du style gothique, dont
on était à peine sorti en France.

Le premier est orné, avec un grand goût, de feuilles,
de rosaces, et de clous saillans qui font un grand effet,
et l'autre de roses et de chiffres qu'on reconnaît être
ceux de Henri II et de Diane de Poitiers. Dans ce dernier
les caissons octogones y sont disposés avec beaucoup d'a-
dresse, sur-tout dans les angles. L'un et l'autre ont une
partie de leurs moulures qui forment corniche continue
autour de la salle. Ils sont bien conservés tous deux, et
celui de Fontainebleau vient encore d'être restauré par
les soins de M. Heurtault, architecte de ce palais, qui
s'est plu à donner toute son attention à cette superbe
salle des Cent-Suisses.

PLANCHE 36.

Ce dernier plafond, l'un des plus grands et des plus
riches qu'on puisse exécuter, était au Louvre, dans la
chambre à coucher d'Henri IV. On l'a déposé, par suite

des réparations faites à cet édifice ; mais il a été soigneusement conservé et mis en réserve pour l'utiliser à l'occasion ; on a fait plus, pour pouvoir satisfaire à la curiosité des amateurs, on en a monté un quart sur le plancher d'une des salles du Louvre : c'est là qu'on a été à même de le voir et de le mesurer.

Il est d'une grande dimension, mais une partie formait soffite autour de la pièce, et le milieu seul avait un renfoncement considérable. Le profil en est hardi et original, et fait beaucoup d'effet par les divers refouillemens de moulures qu'on y a ménagés. Les ornemens en sont nombreux, comme on en peut juger par la gravure, et on ne croit pas même que la richesse puisse aller audelà. Il était largement construit, et ses différentes pièces étaient pendues et assujéties à la charpente, avec des précautions proportionnées à son poids, qui était considérable. Pour diminuer cette pesanteur, on avait fait en carton tous les trophées d'armes et attributs entièrement en saillie, qui étaient disposés au pourtour. Ce plafond est du plus beau temps de la renaissance, et parfaitement exécuté. Autour de cette même chambre régnait une corniche du même style et de la même richesse, dont le motif est gravé au haut de notre planche.

Nous aurions voulu pouvoir donner quelques modèles de voûtes ornées de menuiserie ; mais Paris en fournit peu d'exemples. Il n'y a guères que St.-Philippe-du-Roule qui soit décoré ainsi ; encore les caissons n'y ont-ils presque pas de renfoncement; ornés d'une simple moulure, ils produisent peu d'effet. Au surplus tout ce qu'on a vu sur les plafonds peut s'appliquer aux voûtes.

SEPTIÈME CAHIER.

SACRISTIE DE SAINT-DENIS.

PLANCHE 37.

De toutes les dépendances des églises, les sacristies sont les plus considérables, avec les chapitres ou salles d'assemblées du clergé. C'est le lieu où les prêtres se préparent pour les cérémonies, et s'habillent pour officier. Là, par conséquent, se déposent dans les armoires, les ornemens, les vases sacrés, les reliques, et généralement tous les objets qui servent au culte ou aux desservans.

La sacristie de St.-Denis, construite depuis quelques années sur les dessins de M. Belanger, réunit toutes les qualités qu'on peut désirer dans ces pièces d'utilité et d'apparat. Elle est décorée, avec une unité élégante et noble, de colonnes et d'armoires en noyer, remarquables par leur pureté et leur simplicité. On y a placé une suite de tableaux peints par les meilleurs maîtres de notre époque, dont tous les sujets sont tirés de l'histoire de l'abbaye de St.-Denis.

Au-dessus des colonnes, un entablement, également en noyer, enrichi dans sa frise par des palmettes et des ornemens en bronze, supporte une voûte en plâtre dont le compartiment est bien entendu et d'un bon effet. Ses portes sont traitées et profilées avec le même soin que le reste, et les armoires qui règnent tout à l'entour, sont établies solidement, et ne laissent rien à désirer pour la sûreté et la commodité.

Au moyen du plan de cette sacristie, et des coupes et détails qu'on a gravés sur la même planche, il sera facile de prendre une juste idée de l'ensemble comme des parties qui composent ce grand tout, qu'on peut regarder comme un des chefs-d'œuvre de la menuiserie moderne.

PLANCHE 38.

LES TABERNACLES.

On voit sur cette planche plusieurs dessins de tabernacles. Quoiqu'ils se construisent souvent en pierre, en marbre, et même en bronze doré, il y en a beaucoup en bois, et on a rassemblé ici ceux qui présentaient les plus belles formes et le style le plus convenable. Celui qui est en arche d'alliance et entièrement doré, ainsi qu'un autre qui sert de support à la châsse de Ste.-Geneviève, méritent principalement d'être remarqués. La même planche donne le dessin de deux des baldaquins qu'on pose sur les tabernacles dans certaines cérémonies, pour y accompagner les ostensoirs. Ceux-ci sont en bois doré avec des ornemens en cuivre et des guirlandes qu'on a soin d'y ajouter. Celui du bas forme un demi-cercle, en manière de cul de four, et entoure le saint-sacrement. Ces petits monumens sont riches et purs de masse et de détails.

PLANCHE 39.

LES CHAPIERS.

On a réuni sur cette feuille les deux espèces de châpiers en usage dans les sacristies : ceux à tiroirs et ceux à potence.

Les premiers, qu'on voit sous les n.os. 1, 2, 3 et 4, se composent de tiroirs demi-circulaires, dont les parties rondes se logent tout entières dans les armoires, et qui en sortent en tournant autour de leurs centres, pour y placer les châpes, qui sont aussi taillées en demi-cercle. Ces tiroirs roulent sur des poulies ou galets, n.os. 6 et 7, et s'appuient les uns sur les autres, et sur deux poteaux placés extérieurement, et aussi garnis de roulettes qui les reçoivent dans leur révolution.

Ceux à potence se voient à côté. Les châpes y sont pendues sur des traverses qui se rabattent horizontalement l'une sur l'autre, en tournant sur un pivot.

Pour mieux faire sentir toutes les figures qui sont détaillées sur cette planche, on les a fait voir en perspective.

PLANCHE 40.

LES ARMOIRES.

Les trois dernières planches de cette livraison contiennent des armoires. Celles qu'on voit ici viennent du palais de la Chambre des Pairs ; elles sont placées dans les pièces qui précèdent la salle d'assemblée, et servent à les meubler et à les décorer. On y serre des livres et des cartons, et elles ferment à clef. Elles sont garnies de vitres, de grillages en laiton et de rideaux en taffetas, et rien n'a été épargné pour leur exécution. Le bois employé est le chêne et le sapin de choix; les pilastres sont enrichis d'ornemens en bronze, ainsi que la frise. Elles ont été faites sur les dessins de M. Chalgrin, à l'époque où cet architecte restaura le palais pour y recevoir le grand corps de l'Etat qui y tient ses séances.

PLANCHE 41.

Les armoires du Cabinet d'histoire naturelle, au jardin des Plantes, composent les deux dernières planches de cette livraison.

Sur celle-ci on a donné les armoires hautes, garnies dans toute leur hauteur de glaces de la plus grande dimension. Elles ferment à clef, et sont soignées dans toutes leurs parties. Leur principale décoration est dans ce qu'elles renferment; mais elles sont fortifiées et ornées de colonnes légères, qui portent un joli entablement. Elles sont garnies, au bas, de tiroirs avec des serrures et des poignées en cuivre ; les dessus supportent des espèces de gradins, pour y placer les objets d'histoire naturelle trop volumineux pour pouvoir entrer dans l'inté-

rieur. La coupe et les détails, gravés à côté, indiquent suffisamment la manière dont elles sont construites et disposées.

PLANCHE 42.

On donne ici les armoires basses qui meublent les salles du même musée. Ces armoires sont isolées au milieu des galeries, et présentent à droite et à gauche un corps d'armoire double et garni de tiroirs. Le dessus est couvert en glaces et s'ouvre en abattant, au moyen de charnières. Le milieu est occupé par des cadres profonds, ornés et divisés par de petits pilastres et un entablement très-délicat. Ces cadres servent pour les papillons, les insectes, etc.

On n'a rien épargné pour que ces armoires, dont la disposition est aussi commode qu'ingénieuse, soient exécutées avec toute la perfection possible. A ce mérite elles joignent celui de remplir parfaitement l'objet de leur destination : tous les objets qu'elles renferment se voient bien et sont en sûreté.

HUITIÈME CAHIER.

BIBLIOTHÈQUES ET APPARTEMENS D'HABITATION.

PLANCHE 43.

La bibliothèque de Ste.-Geneviève, qui fait l'admiration des étrangers, méritait, par son importance, son heureuse disposition, la réputation dont elle jouit comme ouvrage achevé de menuiserie, de tenir le premier rang dans ce recueil, d'autant plus que la gravure n'a encore pris soin de la faire connaître que par une vue perspective qui n'en donne qu'une idée bien imparfaite. Elle se compose, comme on le voit par le plan, de deux galeries en croix, réunies dans le milieu par une espèce de dôme, surmonté d'une lanterne qui sert à lui donner du jour. Outre cela, les galeries sont garnies de fenêtres nombreuses, et du renfoncement desquelles on a profité pour placer des livres. Les murs de ces quatre grandes salles, ainsi disposées, sont revêtus d'armoires hautes en menuiserie bien exécutée, avec corniches et pilastres en panneaux, placés à des distances régulières, qui supportent des vases, et sont ornés de bustes posés sur des gaines en bois.

Cette continuité de décoration est grande et simple, et convient parfaitement au caractère tranquille qu'on exige dans ces lieux d'étude. La voûte est en plâtre et surbaissée, et divisée par des compartimens. Le conservateur et les bibliothécaires se tiennent au centre, et peuvent voir d'un coup-d'œil ce qui se passe dans toutes les parties de l'établissement. Toutes les armoires s'ouvrent à un et à deux battans, et sont garnies de tringles en fer et de fil de laiton. Leur profil est bon, et peu chargé d'ornemens. Quant à l'exécution, elle a toujours été citée comme un modèle à suivre dans ces sortes d'ouvrages; et, en effet, depuis de nombreuses années elle subsiste sans avoir exigé de réparations notables.

PLANCHE 44.

Le premier des deux motifs de bibliothèques gravés sur cette planche, est celui de la bibliothèque de l'Insti-

tut, composée de fragmens de menuiserie tirés en partie de l'ancienne abbaye de St.-Denis. L'architecte, M. Vaudoyer, chargé de l'établir, a tiré de ces fragmens tout le parti possible. La proportion de l'ensemble et la disposition de ses différentes parties est bonne et convenable. Elle est divisée par des pilastres corinthiens, au-dessus desquels règne un entablement continu et très-saillant, sur lequel est établi une galerie défendue par une balustrade en fer. Cette galerie supérieure dessert une suite d'armoires qui s'élèvent jusqu'au plafond. Le plan, qu'on a ajouté, fait voir la disposition générale, et comment cette bibliothèque, qui aurait paru un peu longue, est divisée à ses deux extrémités, par une ordonnance au-dessus de laquelle se continue la galerie dont nous avons parlé. Les deux cabinets d'étude, où le public n'est point admis, par leur proximité de la grande bibliothèque, sont très-commodes et à l'usage des membres de l'Institut.

L'autre est une coupe en largeur d'une des travées de la bibliothèque Mazarine. Cette bibliothèque, contenue comme la première dans le vaste bâtiment des Quatre-Nations, en diffère peu sous le rapport de la disposition. L'ordre est corinthien, et les détails des profils indiquent assez qu'elle fut établie à une époque où les arts en France étaient cultivés avec succès.

PLANCHE 45.

SALLE A MANGER.

Le reste de ce cahier et le suivant sont destinés à donner une idée de la décoration moderne des appartemens.

Le genre de ces sortes de décorations est entièrement subordonné aux localités; il varie suivant la dépense que veut y faire le propriétaire, la grandeur et la destination de la pièce, et suit le mode d'embellissemens usité dans le moment où on l'exécute. Ainsi pendant quelques années on y a employé beaucoup de papiers peints, ensuite du stuc , des peintures ; aujour-d'hui ce sont des étoffes et peu de menuiserie. Le but de cet ouvrage étant la menuiserie, et l'usage moderne n'é-tant pas de l'employer d'une manière distinctive dans les salles à manger, dont nous avons à nous occuper d'abord, on a emprunté le modèle qu'offre la planche 452, à l'ou-vrage de Roubo : on en a seulement rajeuni les formes. Le fond de la salle est garni d'un de ces buffets fixes dont la mode est un peu passée, mais qui sont tellement com-modes , que le besoin les rappelera d'un moment à l'autre. De chaque côté sont des niches ornées de statues et de deux fontaines, dont l'une sert à masquer un poële : le fond est enrichi d'une glace , et d'ornemens bien ajus-tés et de bon goût.

PLANCHE 46.

La principale décoration de nos salles à manger con-siste dans des armoires qui ont conservé le nom des buf-fets qu'elles sont appelées à remplacer. Il y en a de deux sortes : les uns , richement disposés et ornés , servent à des pièces d'apparat, et ne peuvent convenir qu'à des personnes riches ; les autres ne sont que de simples ar-moires à hauteur d'appui , quelquefois continues autour de la salle. Celui qu'on donne ici est de ce dernier genre ; il est fermé dans sa longueur par plusieurs portes à deux ventaux, garni intérieurement de tablettes, et recouvert d'un dessus de marbre. On a eu soin d'y placer un fond relevé au-dessus du sol , qui sert à la fois de battant aux portes et de tablette à l'intérieur. La construction en est très-simple , et n'offre aucun ornement inutile.

Au-dessous de cette armoire on donne un autre objet qui est à peu près de la même nature : c'est un comptoir. Celui-ci est exécuté dans un magasin du Palais-Royal,

où il y en a deux pareils : un de chaque côté de la bouti-que. Ils sont fixes et élevés sur un plancher de la hauteur d'une marche, placé du côté du mur. Le côté intérieur est garni de tiroirs , et les bouts s'avancent en encorbel-lement , pour ne pas gêner la circulation, et servir au besoin de bureau.

PLANCHE 47.

CHAMBRE A COUCHER.

Celle qu'on rapporte ici est d'une disposition agréa-ble et régulière ; elle se termine au fond en demi-cercle, garni de pilastres et de draperies qui entourent un lit de forme antique. Toutes ses parties sont bien or-données pour l'usage. La décoration de ces pièces pouvant varier à l'infini, suivant la richesse ou le caprice du pro-priétaire, on ne donnera que cet exemple, exécutée à Paris vers l'an 1800 , dans lequel, loin que ce soit la tenture en papier ou en étoffe qui joue le rôle principal , comme cela arrive le plus souvent aujourd'hui, c'est la menuiserie qui domine.

PLANCHE 48.

Cette dernière planche contient deux alcoves, partie principale des chambres à coucher, dont toutes les faces sont ordinairement subordonnées à celle-ci, tant pour la hauteur des moulures, que pour la couleur des étoffes, etc. La première est accompagnée de deux cabi-nets ; sa décoration est simple et élégante. La seconde est plus riche ; elle contient deux lits, et n'est fermée que par des étoffes drapées entre des colonnes ; les co-lonnes portent des figures, et le reste des ornemens est peint. On a donné les plans de ces deux alcoves, qui sont d'un genre différent, et suffiront pour donner une idée de ce qu'on peut faire en menuiserie dans ce genre.

NEUVIÈME CAHIER.

SUITE DES INTÉRIEURS D'APPARTEMENS ET CAFÉS.

PLANCHE 49.

SALON.

Le salon que l'on donne ici est d'une grande dimen-sion : il occupe le milieu du nouveau palais du ministre des finances ; ses fenêtres donnent sur la rue de Rivoli.

On y a placé une cheminée aux deux extrémités, à cause de sa grandeur. L'ordonnance consiste en portes et pilastres accouplés, élevés sur des piédestaux et sur-montés d'un entablement continu. L'ordre est corinthien ; il est d'une belle proportion , et pour augmenter son élégance, on a donné un peu de diminution aux pilastres dans leur hauteur. Les portes sont très-belles, et peuvent servir de modèles pour ce qu'on appelle portes en placard. On a employé à la décoration de ce salon des consoles qui sont d'une belle forme , et on les a ornées de panneaux en caissons. L'ensemble de cette pièce est majestueux et monumental, quoique bien adapté à nos usages ; il fait honneur à l'architecte de ce palais, M. Destailleurs.

PLANCHE 50.

BOUDOIRS.

Les boudoirs sont de toutes les pièces de distribution

celles qui exigent le plus de soins et de goût. Leur déco-ration peut varier à l'infini, suivant la différence des pays, des temps, de la richesse ou du caprice de ceux qui les font exécuter ; ils offrent ainsi une grande latitude à l'artiste. Les deux que nous offrons sur cette planche sont dus à deux architectes célèbres, morts depuis peu. Le premier a été construit par M. Bellanger, pour sa maison située rue Joubert. Il est entièrement circulaire, divisé au pour-tour par des colonnes arabesques accouplées avec des dra-peries et des figures. Les quatre axes sont occupés par le lit, la cheminée, la porte d'entrée, et une place destinée à recevoir une baignoire, car ce boudoir était disposé pour servir quelquefois de salle de bains , et tous les at-tributs dont il est orné ont rapport à sa double destina-tion. Le fond des niches, où sont les figures, est revêtu de glaces, ainsi que celle où est le lit. Les colonnes, la corniche, et toutes les moulures, sont peintes de diverses couleurs, et les panneaux contiennent de petits sujets peints en camayeux. L'ensemble de ce décor est riant et riche, et sa forme , très-agréable, est relevée par la grace des détails.

L'autre est dû à M. Berthault, il a été fait pour la princesse de Courlande.

Les artistes ont souvent admis dans la décoration de nos appartemens des formes empruntées à l'architecture ancienne ou étrangère, et tour-à-tour on a vu le style gothique, mauresque, chinois, égyptien, se disputer la faveur de contribuer à nos jouissances. Il est vrai que dans l'emploi qu'on a fait de ces divers styles, on a souvent dépassé les bornes posées par le goût, et que l'écart de génie de quelques hommes en réputation a jeté dans une fausse route la plupart de leurs imitateurs. Quoi qu'il en soit, leur usage ne peut être entièrement proscrit, et si, dans quelques parties de nos habitations, ces formes extraordinaires peuvent être admises, c'est certainement dans la décoration des boudoirs, pièces de fantaisie, entièrement soumises aux caprices du maître ou de la maîtresse de la maison. Le genre de celui-ci est turc, et l'architecte en a tiré un bon parti. Sa forme générale est très-simple ; il est garni d'un divan, qui occupe tout le fond ; la porte est en face, mais peut se masquer par une draperie ; de chaque côté est une riche jardinière avec des fleurs ; enfin il est couvert en forme de tente, et au milieu pend une lampe en albâtre, qui complète cette décoration originale. Toutes les draperies retombent en forme de tuyaux, ornés au bas de broderies imprimées en noir. En un mot, l'on a su conserver à toutes ces parties le caractère primitif, et en même temps les rendre convenables à nos habitudes.

PLANCHE 51.

LES CAFÉS.

Les cafés à Paris sont devenus tellement nombreux depuis quelques années, on y a déployé un luxe si prodigieux, que la menuiserie n'est plus que la manière la plus simple qu'on emploie pour leur décoration.

Le bronze, les marbres, les stucs et la dorure, les glaces sur-tout et même le ferblanc moiré, en ont exilé les bois plus ou moins précieux dont se formaient autrefois leurs lambris. On n'a donc pas pu rapporter dans cette circonstance les plus beaux, ni les plus riches de la capitale, mais seulement ceux qui sont encore décorés à l'ancienne manière, c'est-à-dire de menuiserie ; on a tâché cependant de choisir ces exemples tels, qu'ils pussent donner une idée du bon style et du goût qu'on y voit régner habituellement.

Le premier est au Palais-Royal : c'est le café *Lemblin,* qui fut fait, il y a quelques années, sur les dessins de M. Alavoine, architecte. L'ordre est un corinthien très-léger, dont les colonnes sont toutes engagées à moitié dans des glaces, de manière qu'elles semblent entières et isolées. Il y a, outre cela, de distance en distance des médaillons en camées blancs sur fond rouge, ornés avec élégance ; les moulures des corniches sont dorées sur fond blanc, et les piédestaux des petites colonnes sont garnis, dans l'intervalle qui les sépare, d'une grille qui défend les glaces. L'effet de ce café est brillant et gracieux, et tous les détails en sont bien ajustés et étudiés avec soin. Le plan est au bas, pour donner une idée de la disposition générale.

Le second, qu'on voit sur la même planche, n'est qu'un échantillon de décor. Le café auquel il appartient est au coin de la place du pont St.-Michel : les détails en sont riches et de bon goût. Son principal ornement consiste dans de grandes glaces encadrées par des moulures dorées, avec des pilastres et quelques ornemens en relief, aussi peints et dorés. La frise du haut contient des masques avec des guirlandes, et la corniche principale est riche et garnie de modillons. Le tout pose sur un soubassement en bois, mais peint couleur de marbre. Le dessin suffira pour donner une idée de toutes ces parties.

PLANCHE 52.

Le café qui est en tête de cette planche se compose de plusieurs piliers en quinconces, ainsi que l'indique le plan au-dessous. Chacun des carrés de ce quinconce est recouvert par un plafond, avec des retombées ornées de couronnes et de guirlandes dorées sur fond blanc. Les arabesques des piliers sont aussi en or, sur fond blanc, et ont une saillie de bas-relief. Toutes les portes du pourtour se répètent de la même manière, les unes en glace, et les autres réelles, donnent plusieurs entrées à ce café, qui est situé à l'angle de la rue des Fossés-Montmartre et de la place des Victoires. Au milieu est un poêle en forme de piédestal, qui porte une figure en marbre, d'une bonne sculpture, représentant un faune. Le sol étant plus élevé que celui de la rue, on y monte par des escaliers, mais qui ne gênent en rien la circulation.

L'autre est un café de la rue du Coq. Quoiqu'on n'en ait pas donné le plan, on sentira aisément par la coupe, qu'on entre d'abord dans une espèce de vestibule, où est le comptoir, que ce vestibule débouche par des arcs ou des piliers sur les salles adjacentes. Sa décoration est simple et modeste ; elle se compose de glaces et d'attributs en bas-reliefs de plâtre, sur un fond gris.

PLANCHE 53.

Ce café, dont la disposition est convenable et théâtrale, est sur le boulevard St.-Martin. Par la coupe et le plan qu'on en a donné, on peut prendre une idée de sa distribution. Le rez-de-chaussée est divisé par un quinconce de piliers, et porte une terrasse. Un escalier, placé au milieu, conduit à la salle principale, où est le comptoir. Sur le côté est une tabagie, qui n'a pas de communication avec le café proprement dit, mais qui a la jouissance de la terrasse recouverte par une banne. Au fond sont les salles de billards et autres dépendances. La décoration de ce café est très-simple, mais sa distribution est ingénieuse, et fait beaucoup d'effet, en ce que ceux qui passent sur le boulevard peuvent apercevoir le comptoir en entier et une partie de l'intérieur. L'escalier est couvert d'une toiture vitrée, qui s'ouvre ou se ferme à volonté, suivant les saisons.

PLANCHE 54.

Ce café est situé rue Neuve de Seine. Comme c'est un des plus complets et des plus réguliers, on l'a dessiné sous toutes ses faces, et on en a fait un plan, une coupe et une élévation. Les trois arcades de la façade se répètent dans l'intérieur, ainsi que dans les bouts, et le comptoir se trouve placé sous un de ces arcs porté sur des colonnes isolées. Tous les entre-deux des pilastres sont garnis de glaces ainsi que les parties ceintrées. Cette décoration est simple et élégante, et, quoique moins riche que beaucoup d'autres, elle peut servir de modèle.

DIXIÈME CAHIER.

DEVANTURES DE BOUTIQUES.

Cette livraison est remplie par des devantures et décorations intérieures de boutiques. Ces diverses parties, fondées sur la convenance et l'utilité, comme sur le goût, étant sujettes à moins de variations que tout ce qui précède, on n'a pas craint de donner à cet article un peu plus de développement. On trouvera ici des dispositions ingénieuses, intérieures et extérieures, des décorations qui naissent naturellement du sujet et des exemples de constructions particulières à ces sortes d'ouvrages.

PLANCHE 55.

Le premier objet représenté sur cette planche, est une devanture de magasins de vins, ou, si l'on veut, de cabaret. Les ornemens, composés de tyrses, de couronnes de pampres et de flacons, sont convenables dans cette circonstance, et les pilastres, en particulier, sont ornés de feuilles de vignes et de raisins, sculptés en bois avec beaucoup de talent.

Plus bas est la façade du café St.-Martin. On ne l'a pas rapporté pour sa décoration ni pour sa proportion, mais pour l'originalité et la commodité de la disposition de sa devanture, qui se compose de châssis vitrés ou abattans à jour, qu'on lève et baisse à volonté, au moyen de charnières placées au-dessus. Dans l'été, lorsque ces châssis sont levés, ils laissent apercevoir l'intérieur du café, dont la décoration n'est pas sans mérite, et mettent à couvert les personnes qui, pour prendre l'air, se placent sur le boulevard, en avant du café. Cette disposition offre beaucoup d'avantages et aucun inconvénient; il est étonnant qu'on ne l'ait pas répétée ailleurs.

Au-dessous est un autre genre de fermeture avec des volets. Il appartient au café Manoury, place de l'Ecole. Le bâtiment étant disposé de manière à offrir dans sa façade plusieurs larges ouvertures, divisées par des piliers en pierre, on a imaginé une devanture continue en pilastres et en fenêtres; de manière que chacune des baies de la maison contient trois croisées en bois, de la même largeur que les piliers en pierre. Les pilastres ainsi se trouvent espacés également; des volets, logés derrière eux, dans l'épaisseur du mur, se déploient pour la clôture des fenêtres, qui se trouvent, par ce moyen, fermées parfaitement et sans embarras.

L'ordre ionique des pilastres pose sur un soubassement et porte un joli entablement; il y a dans leur exécution de la finesse et de la fermeté.

PLANCHE 56.

La devanture de boutique de fayencier gravée en tête de cette planche est composée de trois arcades, dont les ceintres sont fermés par des ornemens à jour. Sa principale décoration consiste dans les plats, les assiettes et autres ustensiles en fayence qu'on a disposés au pourtour pour y tenir lieu d'ornemens. Cet usage, aussi agréable que bien pensé, se répète assez volontiers pour les magasins de fayenciers; il devrait servir d'exemple à plusieurs autres genres de fabriques.

La seconde devanture de boutique, beaucoup plus considérable que la précédente, est celle d'un vaste magasin de meubles et de marbrerie, situé sur les boulevards St.-Antoine. Comme il est toujours de l'intérêt du fabricant de tenir en évidence, le plus possible, les objets de sa fabrication, cette espèce de galerie est presqu'entièrement vitrée. Les parties dormantes se composent de petits arcs portés par des colonnes légères, ornés de caducées, et les portes, qui se répètent plusieurs fois sur la longueur, sont formées de grandes glaces qui laissent apercevoir tout l'intérieur du magasin.

PLANCHE 57.

Cette planche est remplie par plusieurs devantures de boutiques d'un genre varié, et de grandeurs différentes. On y voit aussi deux plans : l'un appartient à la pharmacie placée au-dessus, dont l'intérieur est disposé en demi-cercle, orné de colonnes; l'autre n'a point d'élévation : c'est celui d'un magasin d'horlogerie, qui est bien distribué, et où les pendules se trouvent rangées sur une table haute en fer à cheval, qui les laisse voir avec avantage, sans gêner l'intérieur de la boutique.

Parmi les autres devantures, on distinguera celle du magasin d'eau de Cologne, décoré avec les boîtes et les fioles qu'on emploie dans ce genre de commerce. Celle qui est à côté, est d'une jolie proportion, ainsi que celle d'horloger, qui vient après. La devanture de cette dernière se compose, d'une manière assez singulière, de deux arcs surbaissés, donnés par la localité, et dont on sauvé adroitement le mauvais effet, en les ornant des signes célestes et autres attributs de l'astronomie.

PLANCHE 58.

La pharmacie de M. Cadet, rue St.-Honoré, fait le sujet de cette planche. On ne peut guère désirer une distribution plus agréable et plus commode, et un ensemble plus complet, que l'intérieur de cette belle apothicairerie. Elle se divise dans sa largeur en trois parties, par deux files de colonnes, de manière que les comptoirs se trouvent très-bien placés à droite et à gauche, et qu'on peut circuler autour sans aucune difficulté. La proportion de la pièce est très-belle, les détails en sont simples et en harmonie avec la sévérité de la science ; la frise est décorée, d'une manière à la fois convenable et ingénieuse, des signes caractéristiques de la chimie. Au milieu de la salle est un poêle, orné d'un buste en marbre. En général, artistement parlant, toutes les parties de cette pharmacie sont bien en rapport, et il serait difficile d'imaginer rien de mieux.

PLANCHE 59.

Cette feuille contient quatre autres devantures de boutiques. Celle du haut appartient à un coutelier : on y remarque avec plaisir la manière dont l'enseigne est ajustée, ainsi que les arabesques des angles, qui sont composées avec des produits de coutellerie.

Des deux qu'on voit au-dessous, il y en a une de miroitier, qui est ornée, avec finesse et originalité, de petites cariatides et autres détails convenables au sujet.

Celle du bas est une ancienne construction en bois, qui servait de décoration à un bureau de loterie. Elle est présentement abandonnée, et en fort mauvais état ; mais sa décoration fine, ferme et sévère, et un certain caractère monumental, lui ont fait trouver place dans ce recueil, comme modèle recommandable.

PLANCHE 60.

Pour compléter ce choix de devantures de boutiques, on ne pouvait mieux faire que de donner celle de l'armurier de la rue de Richelieu, qui est formée, comme on peut le voir, par des faisceaux de lances qui servent de pilastres aux portes ; portés sur un simple stylobate, ils soutiennent une frise où est l'inscription et une vaste enseigne, l'une des plus riches et des plus importantes de la capitale.

Cette enseigne se compose d'armes, de drapeaux et d'attributs de chasse, bien ajustés avec des armoiries, et qui forment plusieurs trophées. Elle s'élève fort au-dessus de la boutique, qui lui tient lieu de soubassement, et monte jusqu'à la hauteur du premier étage. On voit qu'on a eu l'intention de produire de l'effet, et que l'on n'y a réussi qu'en partie ; cette composition, telle qu'elle est, pourra donner lieu à d'autres décorations plus satisfaisantes, si l'artiste fait entrer dans sa composition des détails de plus haut style, et met à contribution les différentes espèces d'armes que fabriquent ou fabriquaient jadis les armuriers : parmi ces dernières il en est de très-pittoresques.

ONZIÈME CAHIER.

PRINCIPES.

Ce cahier et le suivant renferment les principes les plus nécessaires à la bonne exécution de la menuiserie. Après avoir rapporté les plus beaux exemples de cet art, sous le rapport de la décoration, on n'a pas cru inutile d'exposer les principaux moyens dont on se sert pour parvenir à faire des ouvrages beaux et solides ; ainsi, loin de prétendre donner un traité complet de menuiserie pratique, on rappelera seulement les méthodes les plus usitées, en donnant toutefois quelques développemens aux points qui offrent des difficultés. On va donc parler des assemblages de toutes espèces, de la construction des corniches et des ordres entiers d'architecture ; des moyens de fermeture pour les boutiques, de la manière de confectionner les ouvrages légers et vitrés ; un aperçu du système de Philibert de l'Orme, au moyen duquel on construit en planches des voûtes et des couvertures de la plus grande dimension, sans le secours de la charpente ; enfin, un traité de la construction des escaliers, dans lequel on entrera dans tous les détails qu'exige cette partie importante. On commencera par les principes de géométrie les plus utiles au menuisier praticien, tant pour l'exécution des travaux qui offrent des difficultés, que pour leur toisé.

PLANCHE 61.

Les fig. 1, 2, 3 représentent des angles droits, aigus et obtus : bac est un angle droit, ayant pour mesure 90 degrés ; par conséquent bac est un triangle rectangle ; fig. 2 def, est un angle aigu ou ayant moins de 90°. ; fig. 3 ghi, est un angle obtus ou ayant plus de 90°. La fig. 4 indique la manière de mesurer un angle quelconque sans se servir de la fausse équerre ; il faut placer une toise dans l'angle à mesurer et prendre les distances des points i et l au sommet k ; on rapporte ces différentes mesures sur le papier et l'on a un angle semblable à ilk. Par la figure 5, on voit que pour lever un calibre, on applique un feuillet sur la baie m, terminée par un arc surbaissé en o, et on suit le pourtour de la courbe avec un crayon ou une pointe n. Lorsque la courbe a une certaine étendue, fig. 6, on préfère employer une règle p, placée à la naissance du cintre, et on cote les distances de la règle aux divers points de la courbe, comme : 1, 2, 3, etc. La fig. 7 représente un profil q, qu'on peut relever au moyen d'une règle s. On la monte et descend au droit de chaque ligne horizontale du profil, en la maintenant d'aplomb avec une équerre t, et on trace ces lignes sur le feuillet r ; ensuite on prend de la même manière les saillies des moulures.

Les fig. 8, 9, 10 et 11 indiquent des profils contenus dans un carré parfait, avec les centres d'où on peut les tracer. Dans les fig. 8 et 9 les arcs xx, qui sont des quarts de ronds compris exactement dans les carrés ABCD, se tracent des points D et B, comme centres. Fig. 10. Pour la doucine A y c les arcs x et z se tracent des points E et F, de la ligne qui coupe le carré ABCD en deux parties égales. C'est par le même moyen qu'on trace le talon AC, de la figure 11 ; les centres sont en E et F.

Les fig. 12, 13, 14 et 15 sont des profils contenus dans un parallélogramme ; les lignes ponctuées indiquent les opérations. Fig. 12. Si vous tirez la diagonale GI dans le rectangle GHIJ, et que, sur le milieu de GI, vous éleviez une perpendiculaire KL, la rencontre de cette ligne avec le côté IJ, sera le centre d'où l'on doit décrire l'arc x du quart de rond. Dans la fig. 13, c'est la même opération renversée ; le centre est en M, rencontre de KL et de GH. Fig. 14 et 15 : tirez les diagonales GI, partagez-les en deux parties égales aux points yy, et sur chacun des milieux de ces lignes a et b, élevez les perpendiculaires ac, bd ; la rencontre de ces lignes avec les côtés du rectangle donneront les points c, d, qui seront les centres des arcs x et z qui composent la doucine, fig. 14, et le talon, fig. 15.

La scotie, fig. 16, est plus compliquée, mais on voit distinctement que les centres sont aux points e, f, g et k ; pour les obtenir, après avoir formé le rectangle NOPQ, on divisera son côté NP en trois parties égales ; puis, prenant pour rayon une de ces parties et pour centre le point e, on tracera le quart de cercle OH ; on divisera en 4 parties égales le rayon eR ; on portera une de ces parties sur sa prolongation en f, et, de ce point, on fera l'arc xR ; la moitié du rayon xf sera portée en g, centre de l'arc xz ; enfin xg se portera de P en h, on joindra les points h, g par une ligne sur le milieu de laquelle on élevera une perpendiculaire ij, qui donnera, sur le côté PN prolongé, le point k, centre de l'arc ZYP. Le larmier TY, fig. 17, qui a 9 parties de hauteur sur 30 de saillie, est composé d'un arc YZX, tracé dans un parallélogramme de 10 parties sur 4; les points nb sont les centres des deux portions d'arc XZY; UYV. On trace ensuite le quart de cercle TXU, dont le rayon est de 4 parties, et le centre sur la 10e. division ; la partie VX reste droite.

La fig. 18 est une coupe carrée ab, ou coupe faite perpendiculairement aux surfaces longitudinales d'une pièce de bois, soit qu'elles soient droites ou composées de parties droites et courbes, comme on l'a faite ici. La figure 19 est une coupe d'anglet ou *onglet ;* c'est celle qu'on fait aux angles droits, comme aux parties de moulures, cadres, chambranles, etc. ; elle se trace avec l'outil appelé équerre onglet. Les fig. 20 et 21 sont des fausses coupes; on les pratique aux écharpes appliquées entre les barres des portes charretières, aux liens, etc.; la première est à vive-arrête; la seconde avec arrête chamfrenée. La fig. 22 est une coupe rallongée et raccourcie; c'est la rencontre de deux morceaux de bois oblique l'un à l'autre, mais dont les arrêtes sont ornées de moulures; la coupe, dans l'angle obtus c, est raccourcie; la coupe, dans l'angle aigu d, est rallongée. La fig. 23 est une coupe creuse ; elle a toujours lieu à l'intersection d'une moulure droite et d'une moulure courbe ou de deux courbes; son tracé se fait ainsi : divisez en deux parties égales les largeurs des moulures par des lignes ab, bc, et, par les trois points d, b, c, faites passer un arc de cercle, qui sera la commissure du joint.

Les fig. 24, 25 et 26 présentent plusieurs manières de tracer des anses-de-paniers : on nomme ainsi des courbes composées de plusieurs arcs de cercles, valant ensemble 180 degrés. Dans ces trois exemples, le rayon HE, qui a servi à décrire le premier arc AH, étant prolongé, donne, à son intersection avec la ligne perpendiculaire du milieu, le point G, d'où l'on décrit le grand arc HDI. Il est à remarquer que dans ces sortes de courbes, les centres des arcs contigus doivent toujours se trouver sur la même ligne droite ou la sécante qui les sépare. Fig. 24. Le diamètre AB et la verticale DG étant données, avec les centres E et F des arcs extrêmes, il reste, pour décrire la courbe, à reconnaître le point de centre du grand axe ; pour le trouver, sur CD prenez DA=AE, joignez EA ; sur le milieu de cette ligne élevez la perpendiculaire bc qui donnera, sur CD prolongé, le point G, centre cherché. Fig. 25. Le diamètre AB et la montée GD étant donnés, avec le centre G de l'arc du milieu, portez DG de A en a, joignez GA, élevez sur son milieu la perpendiculaire bc, et le point E sera le centre des deux arcs extrêmes. Fig. 26. Le diamètre AB et la montée CD d'une anse-de-panier étant donnés, décrire la courbe par trois arcs de chacun 60 degrés ; sur AC, comme base, décrivez le triangle équilatéral ACK ; ensuite, du point c, comme centre, l'arc DA, et la corde DA prolongée jusqu'en H, menez la ligne HEG, elle donnera les centres E et G de l'arc extrême AH et de l'arc moyen HDI. Ces trois exemples, qui sont tous à trois centres, suffisent dans presque tous les cas ; cependant lorsque l'anse-de-panier est considérablement surbaissée, si on l'exécute sur trois centres, les

deux sortes d'arcs qui le forment sont tellement disproportionnés entre eux, que la courbe présente l'apparence d'un genou à la jonction des arcs, et que la solidité de l'ouvrage se trouve compromise. On doit alors faire usage de l'arc à 5, 7, ou 11 centres, selon que la montée est plus ou moins petite, en ayant soin de prendre toujours pour base de l'opération les 180 degrés, répartis en portion de nombres ronds de degrés, ou en parties aliquotes de la circonférence, et en portions qui décroissent d'abord avec rapidité depuis les axes extrêmes ; l'ouvrage en est à la fois plus gracieux et plus solide, et le toisé beaucoup plus facile.

La fig. 27 est un arc rampant, c'est-à-dire celui qui est soutenu par des piédroits de hauteurs inégales ; la ligne AB est la ligne de rampe ou d'imposte, et les points d et e sont les deux centres des arcs AD, DB. Pour les avoir, il faut tirer l'horizontale Aa et la verticale bD sur le milieu de la ligne de rampe AB ; puis, du point c, décrire l'arc ponctué AD, diviser cet arc en deux parties égales par la ligne cc qui, prolongée, donnera sur Aa le point d, d'où l'on décrira l'arc plein AD ; ensuite, il faut joindre Dd par une ligne, et, tirant l'horizontale cB, le point e sera le centre de l'arc DB.

ASSEMBLAGES DITS EMBREVEMENS.

C'est une combinaison de rainures, de languettes et de feuillures pour joindre des bois par leurs rives ou autrement, soit que les parties restent à fleur, ou que l'une soit en avant-corps et l'autre en arrière-corps, ou qu'elles soient disposées sur un angle aux deux paremens. Les différentes manières d'embrever sont : fig. 28, à fleur, c'est lorsqu'un panneau P a la même épaisseur que son bâtis B. Cette sorte de construction est usitée aux portes unies, ordinairement composées d'un bâtis en chêne et d'un panneau en sapin, aux contrevens, fermetures extérieures des boutiques, etc.

Fig. 29. Embrever à fleur au parement et à glace au contre-parement. On en fait usage pour les portes d'armoires fixes qui doivent être recouvertes en papiers de tenture. Fig. 30. Embrevement en avant-corps au parement, bruts au contre-parement : cette sorte d'embrevement a lieu lorsqu'un champ en arrière-corps P accompagne un bâtis ou un chambranle B. Fig. 31. Embrevement à table saillante en parement; le battant B et le panneau P étant de même épaisseur, on fait aux rives de chacune une rainure du tiers de leur épaisseur, et ils font avant-corps et arrière-corps l'un sur l'autre. Quand le panneau B, fig. 32, est à table saillante aux deux paremens, il doit avoir deux rainures pour recevoir les deux languettes du battant P. Fig. 33. Embrevement angulaire ou réunion de deux pièces BB à angle droit ou autre. Quelquefois on rejette le joint sur l'angle, comme dans la fig. 34 ; dans la fig. 35 l'arrête du bâtis B est convertie en une moulure simple qui encadre le panneau P. Les fig. 36, 37, 38, 39 et 40 représentent plusieurs embrevemens simples de cadres BB et de panneaux PP.

Aux lambris et autres ouvrages appelés *grands cadres,* les moulures des battans de traverses, etc., ne sont pas toujours du même morceau que la pièce, parce qu'il faudrait pour cela consommer une partie de leurs surfaces pour donner au profil le relief nécessaire (opération qu'on appelle élégir). Pour éviter cet élégissement, on fait le bâtis séparément et uni, et on y rapporte les moulures; cela donne un grand nombre de variétés dans l'exécution; nous allons en rapporter plusieurs exemples.

La fig. 41 est un battant B dont la face est un champ de lambris; une de ses rives a une rainure pour recevoir un panneau de pilastre P, et à l'une de ses arrêtes est une baguette d'encadrement; l'autre porte une baguette bâtarde emmanchée dans le cadre c, qui reçoit la languette du panneau P. La fig. 42 montre un battant de lambris B fixé à la moulure c par deux languettes; cette dernière reçoit le panneau P. La fig. 43 contient une traverse B qui est ornée d'une moulure pour encadrer le panneau P, et les fig. 44 et 45 offrent plusieurs panneaux encadrés dans des moulures différentes. Dans les fig. 46, 47, 48, 49 et 50, on a figuré la construction de plusieurs moulures à grand cadre plus compliquées et à deux paremens; les panneaux y sont marqués de la lettre P. Les fig. 51, 52 et 53 sont des traverses de lambris de hauteur T, T′, T″; deux cimaises embrevées c et c′ et une rapportée c″; des traverses t, t′, t″, de lambris d'appui avec les panneaux P, P′, P″.

Les fig. 54 et 55 sont des coupes ou profils de corniches, dites volantes; elles sont composées de moulures embrevées comme celles qui précèdent et se conçoivent aussi facilement.

Les variétés de cette espèce de construction étant nombreuses, on en rapportera quelques-unes sur la planche suivante, où elles seront considérées sous le rapport de la combinaison des moulures, et sous celui des échantillons de bois.

PLANCHE 62.

La fig. 56 est la coupe d'une corniche volante, faite avec du bois que nous supposons, dans cet exemple, de 21 lignes d'épaisseur et de 8°. de largeur. On façonne les moulures et la rainure d'embrevement selon le procédé ordinaire, mais les onglets se tracent ainsi qu'il suit : on fait le plan, fig. 57, de la corniche sur une surface horizontale; on tire la ligne ad d'onglet, ou en fausse coupe, selon l'ouverture de l'angle, et, par des perpendiculaires élevées au moyen d'équerres ou de pièces carrées, on obtient les points d, a, qu'on marque sur les arrêtes de la corniche, soit qu'elle soit d'applique (ou rapportée) ou bien en coupes ABCD; la méthode est la même dans tous les cas.

On exécute de cette manière les corniches en fronton. Quelquefois toutes les moulures sont employées au rampant du fronton, et, de plus, la doucine et le listel sont contre-profilés en retour d'équerre, comme dans les fig. 58 et 59. La fig. 58 est le plan de la corniche fig. 59, H la masse des moulures employée au fronton en I, et J le timpan du fronton. Quelquefois une portion seule des moulures de la corniche fait partie du fronton : dans la fig. 61, L est la partie des moulures de la corniche K répétée au fronton, M est le timpan du fronton. La fig. 60 est le plan de cette corniche.

MENUISERIE MOBILE, FERMETURES, BRISURES, ETC.

Les vantaux des portes, châssis, etc., sont ordinairement retenus par une feuillure, qu'on pratique aux pilas-

tres ou dosserets des baies en maçonnerie, charpente, etc. qu'on veut fermer, comme fig. 62; on place aussi des feuillures semblables dans l'épaisseur des massifs, voyez M, fig. 78; dans ce cas, une partie de la ferrure est fixée au vantail et l'autre partie scellée dans la maçonnerie; quelquefois on y place des dormans, et ces dormans sont souvent logés dans des refouillemens, comme dans les fig. 81 et 83.

Les fermetures de rives tout en menuiserie s'exécutent de diverses manières : 1°. quand le dormant D, fig. 63, a même épaisseur que le vantail v, on fait à chacun une feuillure simple qui donne la fermeture a; 2°. quand le dormant D a plus d'épaisseur que le vantail v, la fermeture est comme en b, fig. 64, où le vantail affleure le bâtis en parement ; 3°. lorsque le dormant et le vantail ont même épaisseur, on fait à chaque partie une feuillure, fig. 65, et l'on a la fermeture d; 4°. dans la fig. 66 le bâtis D étant en avant-corps sur le vantail v, la fermeture est comme en e. Ces quatre procédés conviennent aux battans et aux traverses; les suivans s'appliquent seulement aux battans : 5°. la fermeture e, fig. 67, montre un dormant D qui a plus d'épaisseur que son vantail v; dans ce cas, on fait la noix au battant du vantail et la rainure au dormant; 6°. lorsque le dormant D et le vantail v ont même épaisseur , la fermeture devient comme en f, fig. 68.

On exécute aussi les variétés suivantes aux jonctions intermédiaires des vantaux : 1°. la fermeture g, dite à gueule de loup , fig. 69, exige qu'un des battans B ait plus d'épaisseur que l'autre b; mais lorsque les battans ont même épaisseur, fig. 70, on y emploie la fermeture à noix h (ces deux fermetures exigent qu'on ouvre les deux vantaux); 2°. quand il conviendra d'ouvrir seulement un des vantaux, on donnera aux fermetures intermédiaires les formes ij, fig. 71 et 72; la première est en sifflet et la seconde en doucine; 3°. les brisures sont communément façonnées comme le montre les fig. 73 et 74; enfin la fig. 75 est une fermeture accidentelle de chambranle et la fig. 76 est la coupe du contre-chambranle à la même porte.

La fig. 77 est une porte vitrée placée, sans dormans, dans des feuillures de maçonnerie. Les champs et moulures de cette face diffèrent de ceux de la face intérieure; c'est une des variétés des ouvrages flottés. La fig. 78 est une coupe horizontale de la partie d'appui ; la fig. 79 une coupe horizontale de la partie vitrée, et la fig. 80 une coupe verticale qui montre les traverses flottés. Dans ces figures, M est une feuillure dans le massif de maçonnerie, vv sont les battans du châssis de vitrage et du panneau d'appui. Les figures suivantes sont des détails de construction et de flottages employés dans les portes intérieures de l'église Ste.-Geneviève. Les fig. 81 et 82 sont des coupes horizontales prises dans un panneau et dans une frise, et comme ces portes n'ouvrent pas de toute la hauteur, la coupe verticale, fig. 83, fait voir en k la fermeture supérieure; MM sont des refouillemens dans la maçonnerie, pour loger les dormans DD : ces portes sont dessinées dans leur entier , planche 3°.

DES JOINTS.

Il y a beaucoup de manières de façonner les rives des

planches ou palplanches, pour les réunir et les retenir dans la même direction : 1°. lorsque les rives des planches sont seulement dressées et posées l'une contre l'autre, on appelle cette jonction plat-joint; on l'emploie pour les bois minces avec la colle ; 2°. lorsque les bois ont assez d'épaisseur, on perce dans les deux rives des planches A et B, fig. 84, un même nombre de trous de laceret ou de mèche; on garnit ces trous de chevilles a, b, ou de goujons, lesquels tiennent, à l'aide de la colle, les morceaux fortement réunis ; 3°. il est des cas où l'on fend les bouts des goujons, pour placer des coins c, d, fig. 85, qui, en réunissant les planches C et D, s'enfoncent dans les fentes par la pression du fond des trous, augmentent la grosseur des goujons à leurs bouts et les empêchent de sortir (les ouvriers appellent ce joint à queue de renard); 4°. le joint à rainure et languette est un des plus usités : il se forme d'un vuide e pratiqué à l'une des rives de la planche E ou du morceau de bois, et d'un volume saillant f, réservé à l'autre planche F, qui remplit exactement la rainure; la colle-forte contribue encore à la solidité de cet assemblage; 5°. on voit, fig. 87, qu'on obtient le même résultat en faisant deux rainures g, c, aux deux planches G, H, que l'on remplit d'un volume égal, appelé languette rapportée h; 6°. on consolide encore ces sortes de jonctions en y ajoutant une clef i, fig. 88, c'est-à-dire un morceau de bois façonné comme un tenon, mais ayant deux fois la longueur des tenons ordinaires, lequel, étant placé dans une mortaise faite dans la pièce J, s'introduit dans une autre mortaise I et est chevillé comme les tenons simples.

PLANCHE 63.

DES FERMETURES.

Les ouvrages en menuiserie, qu'on applique aux extérieurs des boutiques et magasins, contiennent des portes vitrées; mais il faut, pour clorre ces vitrages, des contre-vens mobiles. C'est pour expliquer cette sorte de clôture, appelée volets-brisés, qu'on a donné les détails dont cette planche est remplie.

La fig. 89 est l'élévation d'une boutique, construite rue Française; A est le seuil en pierre de taille élevé de 6°. au-dessus du pavé de la rue, B la porte d'entrée à deux vantaux, C la plinthe, D le panneau d'appui, E la cimaise, F un des châssis de vitrages, G un des caissons, HH les châssis vitrés dits évantails, I le nud d'archivolte, J le timpan et K la corniche du fronton : toutes ces différentes parties peuvent recevoir toutes sortes de décorations.

La fig. 90 est une coupe horizontale prise dans la partie d'appui D; a est le socle en pierre, b une partie du panneau de la porte, c la plinthe, d le panneau d'appui : les figures du dessous sont des détails de la même partie, aa est le seuil en pierre, b un des vantaux de la porte, b''' le battant, cc la plinthe, d le panneau d'appui.

La fig. 91 est une coupe verticale prise dans la porte d'entrée B, bb' sont les petits bois qui tiennent les vitres. La fig. 92 est une coupe horizontale d'une partie des vitrages; on voit en b la coupe d'un battant de fermeture d'un vantail de la porte, et, ponctuée, la retombée du volet de clôture qui s'adapte au vitrage au moyen de boulons à clavettes; en FF et f' sont les battans d'un

châssis de vitrage, et, en avant, la ponctuation des volets brisés; g est la description horizontale d'un vantail extérieur qui forme la face du caisson G dans l'élévation, lequel, étant ferré à l'arrête extérieure du battant l, se sépare du caisson pour y reployer les volets brisés, dont on voit les parties indiquées par nop. Cette disposition est cotée des mêmes lettres à la coupe verticale, fig. 93.

La penture est détaillée dans les figures 94, 95, 96 et 97. La première est la face de la plaque immobile, vissée sur le battant m du caisson fig. 92 ; elle reçoit à son évidement la lame mobile de la penture; la broche d'axe doit être au milieu de l'épaisseur du battant. La figure 95 montre l'épaisseur de la plaque; on conçoit qu'il faut faire au battant une entaille de même forme, puisque la face de la plaque doit effleurer celle du battant du caisson. Le nœud de la charnière 96 appartient à la brisure des premier et deuxième volets; elle est à son parement extérieur, et le nœud 97 des deuxième et troisième volets, est reporté à son parement intérieur. Ces deux dernières figures supposent le volet appliqué sur le vitrage.

Les autres figures de cette planche sont les détails des vantaux mobiles, de la porte à placard à une face ; figure 98, et de la répétition d'une croisée en glace par derrière, figure 99. La figure 100 est une coupe horizontale prise dans la partie garnie de glaces. Elle donne la retombée de la cimaise Q, un battant de dormant R, et un des vantaux S, avec la fermeture T. On voit que l'une des moulures U est rapportée, à cause du placement de la glace; on voit aussi la fermeture intermédiaire V, ainsi que deux cadres embrevés XY et un panneau Z de la porte à placard. Les figures 101 et 102 donnent la coupe verticale des mêmes objets, et n'ont pas besoin d'explication.

PLANCHE 64.

CONSTRUCTION DES ORDRES D'ARCHITECTURE.

Avec les mêmes échantillons de bois qu'on emploie habituellement aux ouvrages de menuiserie en bâtiment, on fait des piédestaux, des colonnes et des entablemens qui ont les mêmes formes et proportions que les ouvrages en marbre, en pierre, etc.; comme les assemblages sont les mêmes, nous nous bornerons à expliquer quelques pièces propres à la combinaison des ordres d'architecture. La figure 103 est une coupe verticale prise à l'axe du piédestal et de la base de la colonne de l'ordre toscan ; la figure 104 est la coupe du chapiteau et de l'entablement; A est le socle du piédestal, B la table saillante sur le nud de ce piédestal, C sa corniche ; D la base de la colonne, E le fût, F le chapiteau; G l'architrave, H la frise et I la corniche.

Les fig. 109 et 110 représentent une coupe prise sur l'axe d'une colonne d'ordre dorique, avec son entablement et son piédestal. Les fig. 105 et 111 sont les coupes horizontales de chacun de ces piédestaux; 106 et 112, les coupes du fût des colonnes au-dessus des bases; 107 et 113 celles du haut des colonnes, avec les chapiteaux renversés, enfin les figures 108 et 114 représentent les tailloirs des chapiteaux vus en dessous et leur construction. On voit que dans ces sortes d'ouvrages il y a toujours un axe, ou poteau de fond, immobile, fait en charpente ou autrement, garni de mandrins en haut et en bas, et autour duquel s'arrangent et s'adaptent les diverses parties dont l'ordre est composé. Quelquefois ces mêmes parties y sont fixées invariablement, quelquefois elles sont mobiles, et les colonnes, bases, chapitaux, etc., se séparent en deux pour embrasser le poteau d'appui; on les réunit alors par des espèces de fiches et de clavettes, comme on le voit par les plans 112, 115 et 118, quelquefois il y a une charnière et la colonne s'ouvre et se ferme à volonté pour pouvoir la mettre en place; voyez la fig. 119. Dans tout les cas ces assemblages mobiles ont besoin d'être consolidés par des plaques en tôle qu'on visse sur les parties de bois horizontales, figure 115. On les voit séparées, fig. 116 et 117.

On a ajouté au bas de cette planche deux méthodes, pour opérer le renflement de la tige des colonnes. La première, fig. 120, consiste à diviser la hauteur totale du fût en trois parties, et les deux parties supérieures en autant de parties qu'on veut, en cinq, par exemple; de plus, il faut diviser en même nombre de parties la portion du cercle de renflement comprise entre le point extrême et la perpendiculaire abaissée du diamètre du haut de la colonne; de chacune de ces divisions, élever cinq perpendiculaires qui à leurs intersections avec chacune des cinq horizontales, donneront les points par où doit passer le trait de la colonne renflée, qu'on trace avec une règle pliante.

Pour l'autre méthode, on se sert d'un instrument qui se compose de deux règles, 122 et 123, réunies à angle droit et ayant chacune une rainure dans laquelle glissent deux noix, qu'on voit séparément figures 126 et 127; ces deux noix s'adaptent à une branche 124. On place l'instrument de manière que la règle 122 soit sur l'axe de la colonne, et celle 123, au droit du tiers de la hauteur du fût; ensuite, après avoir ajouté la pointe horizontalement de manière à ce qu'elle touche le point extrême de renflement qu'on veut donner, on l'élève jusqu'au bord du diamètre supérieur, et en le faisant descendre, les noix glissent dans leurs rainures, et la pointe trace, tant au-dessus qu'au-dessous du tiers de la colonne, un trait de renflement, 121, qui est une portion de courbe, appelée par les géomètres la conchoïde.

L'invention de cette machine est due à François Blondel.

PLANCHE 65.

ASSEMBLAGES DE LONGUEURS ET AUTRES.

Pour réunir bout à bout des bois carrés, 1°. à l'un des bouts de la pièce B, fig. 128, on fait une entaille b (ou mortaise à enfourchement), et au bout de l'autre pièce A, un tenon a qui doit entrer exactement dans la mortaise b. On nomme cet assemblage, à tenons et mortaises simples, et aussi en fausse tenaille; on s'en sert dans le cas où l'emplacement manque, et où l'on est obligé de revêtir par le côté. 2°. On fait, fig. 129, à deux des faces de la pièce D deux mortaises c et d, et deux tenons e et f à la pièce C. Celui-ci est appelé à tenons et mortaises retournés à l'équerre; on l'appelle encore assemblage chevronné. 3°. fig. 130, à un des bouts de l'une des pièces F, on trace deux diagonales qui divisent la surface en quatre triangles; on taille deux de ces triangles à une certaine

longueur dans la pièce; la même opération étant faite au bout du morceau E, les parties réservées dans chacune des pièces se logent dans les vides de la pièce opposée, et cet assemblage se nomme en sifflet, ou trait de Jupiter simple. Ces trois sortes d'assemblages conviennent pour les pièces qui sont dans une position verticale, comme; poteaux, noyaux d'escaliers, etc.

Pour réunir bout à bout des bois méplats, on fait : 1°. fig. 131, des entailles à mi-bois à l'extrémité de l'une des pièces A, et à l'une de ses surfaces on retranche environ la moitié de son épaisseur a; on en retranche une même longueur b à la surface opposée de l'autre pièce B, en ayant soin d'égaler au vide le volume du bois réservé : ceci se nomme par entailles simples à mi-bois. 2°. Après avoir évidé, à l'une des pièces C, fig. 132, une entaille à mi-bois de forme quadrilatère en queue d'aronde c, on taille le volume c d, réservé à l'autre pièce D, pour qu'il s'adapte exactement dans l'entaille c; on nomme cet assemblage à queue, et à queue passante quand le bois est entaillé de toute son épaisseur. 3°. assemblage par entaille et double queue d'aronde, fig. 133 : c'est quand on fait, comme précédemment, aux pièces E et F deux entailles à mi-bois, et qu'on donne à l'extrémité de chaque partie réservée, la forme de queue d'aronde f g, avec deux entailles, h i, pour les recevoir. 4°. assemblage en crémaillères, traits de Jupiter, fig. 134 : c'est la réunion de deux bouts, G H, en coupe oblique, mais avec des entailles, j k, et masses réservées, l m; afin, qu'après la pose, les deux pièces se retiennent mutuellement, sans pouvoir se désunir dans le sens longitudinal. La mise dedans doit s'effectuer par le côté. On voit au-dessous la forme de cet assemblage, garni de plates-bandes en fer entaillées dans le bois et retenues par des boulons. 5°. La figure 135 représente le même assemblage, avec cette différence que les deux bossages, n o, ont moins de surface que les deux entailles, p q, ce qui laisse un vide pour recevoir une clef qui, étant fortement chassée, rapproche tous les joints des coupes. On voit au-dessous cet assemblage mis dedans et fixé par des plates-bandes en fer.

Pour réunir le bout d'une pièce de bois à la partie intermédiaire d'une autre, on fait : 1°. fig. 136, un assemblage en coupe oblique ou en mors-d'âne; on coupe en biseau, k l, le bout de la pièce H, et on fait à l'arrête de l'autre pièce, G, une entaille, m, qui reçoit le biseau : on assemble de cette manière le bout des soliveaux et lambourdes aux soupentes, etc. 2°. assemblage en panne et à repos, fig. 137; au bout de la pièce J, on fait une coupe oblique, o p, et une autre, pq, appelée repos, parallèle à la surface supérieure, plus l'épaulement, rs, et l'on fait dans la pièce i une entaille semblable; on voit en K la mise dedans effectuée. 3°. fig. 138, assemblage à queue d'aronde simple. Il se fait ordinairement à moitié bois : on voit la queue t à la pièce L, son entaille u à la pièce M et en N la mise dedans v.

Pour réunir deux pièces de bois, R et s, qui se croisent (passantes), mais dont les surfaces supérieures et inférieures sont dans les mêmes plans ou arrazées, comme fig. 140, on emploie 1°. l'assemblage par simple entaille, fig. 139, qui s'exécute ainsi : on fait à la pièce supérieure, o, une entaille à mi-bois, x, et une semblable, y, à la pièce P.

en triangle, 2°. l'assemblage par entaille, fig. 139, qui se compose d'une entaille simple, z, occupant environ le tiers de la hauteur de la pièce Q, et de deux autres entailles triangulaires, z'z'', qui occupent le deuxième tiers; on donne à l'entaille & de la pièce P la même forme, mais en faisant les vides triangulaires dans celle-ci, pour recevoir les bossages triangulaires réservés à l'autre. La fig. 140 montre la mise dedans de ces deux derniers assemblages.

Pour assembler à angle droit ou obliquement le bout d'une traverse à la rive ou à la face d'un battant, on se sert 1°. fig. 141, de l'assemblage par simple entaille. Quand c'est une traverse haute ou basse, on fait au bout du battant A une entaille à à mi-bois dont la longueur doit avoir pour mesure la largeur de la traverse B, et à celle-ci une semblable entaille b. Si par la combinaison des pièces du bâtis, la traverse D, fig. 142, était disposée obliquement au battant c, on élégirait de même les deux entailles cd, en employant pour les tracer la fausse équerre. 2°. Fig. 145, on fait aussi quelquefois les entailles e et f de forme triangulaire au battant E et à la traverse F; alors le point en parement est d'onglet si les deux morceaux ont la même largeur, et il est en fausse coupe s'ils sont de largeurs inégales. 3°. Fig. 143, quand c'est une traverse H, on fait à un de ses bouts une entaille h, et au battant G, une autre entaille g. Quelquefois on amaigrit, en forme de chamfrein, les rives de la partie réservée j, de la traverse I, ce qui lui donne la forme de queue d'aronde (même figure). Ces assemblages sont simples, ils s'exécutent avec facilité, et on en fait usage pour des châssis et autres ouvrages de petites dimensions ; mais dans les grandes parties, ils ont l'inconvénient d'altérer considérablement la force des battans, vu que la moitié de leur épaisseur, et par conséquent de leurs fibres, est tranchée à l'endroit des traverses intermédiaires. On pourra diminuer cet inconvénient, en procédant comme il suit : donner à l'entaille l, fig. 148, la moitié environ de la largeur du battant J, et la même dimension à la partie réservée en m, de la traverse K ; il restera au battant plus de force que si le tenon était comme à la fig. 143, puisqu'un moindre nombre de ses fibres sera tranché.

Les fig. 144, 146, 147, 149 sont des assemblages à enfourchement. D'après les explications précédentes, on les concevra très-facilement. Ils servent à réunir les traverses MOQS aux battans LNPR.

La fig. 150 est l'assemblage d'un poteau T et d'une surface V. Le premier porte deux tenons, l'un simple, v, et l'autre à queue d'aronde t, qui sont reçus dans des entailles analogues. Tous ces assemblages demandent à être fortifiés par la colle, les clous, les vis, etc.

PLANCHE 66.

Cette feuille contient l'arrangement et tous les détails des combles formés par des planches, suivant la méthode de Philibert de l'Orme, et sur laquelle il publia un ouvrage en 1561. Si ce célèbre architecte n'est pas l'inventeur de cette manière de construire, il est le premier qui en ait fait usage pour les combles et qui l'ait réduite en système, en imaginant de relier les courbes par des liernes et des clefs.

Les fig. 151, 152, 153, indiquent l'arrangement des parties pour former des combles de diverses formes, comme en arc de cloître, en plein cintre, en anse-de-panier. On y voit, et plus distinctement par la fig. 154, qu'on se sert d'un premier rang de planches de un pied de largeur, sur un p°. d'épaisseur et d'une longueur indéterminée, et que sur ce premier rang on en applique un second, de manière à ce que les joints des premières correspondent au milieu des autres ; on les unit avec des clous ou des chevilles, et par des liernes l, l, fig. 166, de 2 p°. sur 1 p°., environ, qui passent dans les trous s, t, v, x, qu'on y pratique à cet effet. Ces liernes, qui n'ont pas de longueur fixe, peuvent avoir jusqu'à 6 pieds, et servent à relier plusieurs assemblages de planches, mais sans être distribués symétriquement : elles sont fortement serrées et adhérentes aux planches, par le moyen des chevilles kk, fig. 166.

Ces assemblages, courbes ou hémicycles, posent sur une plate-forme qui règne le long d'une partie du mur du bâtiment et qui reçoit les tenons gg, fig. 154, et vus de face, g, fig. 156.

De plus, la courbe est rachetée extérieurement par des coyaux aussi en planche n, p, et reliés de même par des liernes o, o, fig. 154.

La fig. 155 fait voir qu'on peut remplacer quelquefois ces coyaux par des planches clouées r, r, qui font l'office de moises.

La fig. 157 représente une partie des courbes retenues par leurs liernes et leurs clavettes.

La figure 158 montre des liernes différemment disposées et entaillées dans les planches, de toute leur épaisseur.

Dans la figure 159, on voit d'autres liernes doublées à l'endroit des coyaux, et dans les figures 160, 161, plusieurs liernes doubles et simples, placées alternativement.

Enfin les figures 162, 163, 164 et 165, indiquent que les planches doivent être d'abord coupées à leur extrémité, selon un rayon c, d, f, h, qui part du centre c ou f de la voûte, et que ces mêmes rayons servent à tracer l'intrados des voûtes suivant lesquelles les planches doivent être taillées intérieurement, comme dans la fig. 167. Cette dernière figure représente un comble entier, plein-cintre, et formant toit extérieurement.

DOUZIÈME CAHIER.

PARQUETS. — ESCALIERS.

PLANCHE 67.
PARQUETS.

Cette planche offre dix combinaisons différentes de parquets ou planchers, depuis les plus simples jusques à ceux qui, bien que compliqués, ne sortent point du domaine de la menuiserie pour entrer dans celui de l'ébénisterie ou de la marqueterie. — Ces exemples suffisent pour donner une idée de la variété qu'on peut apporter dans ces sortes d'ouvrages. — On voit aussi, par leur disposition, que le plus ordinairement les parquets sont formés de divers assemblages à rainures et languettes renfermées dans un châssis carré, divisé par plusieurs traverses, soit parallèles aux côtés du châssis, soit obliques en diagonales, et que le tout repose sur des lambourdes que séparent des augets en plâtre, ainsi qu'il est indiqué au bas de la planche. Pour donner de l'effet, même aux parquets les plus simples, on emploie très - souvent deux sortes de bois d'une couleur à peu près semblable, et qui ne diffèrent que par leur ton plus ou moins foncé. — Ces deux nuances suffisent, dans d'autres cas pour exécuter les figures les plus variées.

DES ESCALIERS DE DÉGAGEMENT.

L'exécution des escaliers de dégagement et de distribution étant ordinairement confiée aux menuisiers, on a cru devoir insister plus particulièrement sur cette partie, qui est une des plus difficiles de l'art, d'autant plus que ces escaliers servent non-seulement à la commodité des habitations, mais aussi à leur décoration. Les boutiques, les magasins et surtout les cafés sont actuellement ornés d'escaliers aussi commodes qu'élégans, et savans de coupe. Consacrer six planches au développement des principes nécessaires à leur perfection, ce n'est point sortir des limites étroites prescrites par la nature de cet ouvrage ; il n'en fallait pas moins pour entrer convenablement dans tous les détails de construction des nombreuses parties dont chaque espèce d'escalier est composé.

On commencera donc par donner plusieurs exemples d'escaliers de formes variées, avec les accessoires qui leur appartiennent, comme les rampes, et le tracé des volutes dont leurs marches palières sont ornées; ensuite on parlera des marches et de leurs diverses constructions, puis des limons, avec la manière de les dessiner, et dans les deux dernières planches, on s'étendra particulièrement sur les principes des projections à l'aide desquels on peut tracer et développer les courbes rampantes et leurs cerces rallongées.

PLANCHE 68.

Les fig. 1 et 2 représentent le plan et l'élévation d'un escalier contenu dans une forme trapézoïdale, dont les premières marches sont portées par un échiffre et les autres par un limon suspendu. Il est orné d'une rampe en fer dont on voit un détail, fig. 4 ; la fig. 3 indique la manière dont est tracée la spirale du bas du limon comme de la marche palière. Ainsi, à l'endroit où l'on veut terminer le limon, on lui mène une perpendiculaire 1, 2, 3, 4, double de sa largeur, et du point 4, comme centre, on trace le demi-cercle 1, 6 ; ensuite, on divise le rayon 1, 2, 3, 4, en trois parties égales, on en reporte une en 5, et de ce point on trace le demi-cercle 6, 3, qui achève la spirale du limon. Quant à celle de la première marche : de l'angle extérieur du limon o, on mène, à la ligne du dehors de la première marche, la verticale o, 7, et avec o, 7, comme rayon, on trace un arc de 60 degrés; on mène à ce rayon une parallèle 5, 10, et du point 10, on achève la portion de spirale 8, 9, qui s'arrête contre le limon.

Les fig. 5 et 6 offrent le plan et l'élévation d'un escalier à jour, à quartiers tournans, avec un grand palier de repos au premier étage. A l'endroit du quartier tournant, les marches sont courbées, pour ne pas se rencontrer dans l'angle, ce qui rendrait la montée dangereuse, surtout dans l'obscurité. On voit fig. 8 la manière dont est tracé cet angle : après avoir divisé l'arc de cercle 1, 2, 3, 4, en trois parties, on mène du points o, centre du quart de cercle qui forme le quartier tournant, la ligne o, 2, qui, prolongée, rencontre la ligne de marche 9, 5; ensuite, divisant le reste de l'arc 2, 3, 4, en trois parties, on mène o, 6, qui rencontre la ligne de marche 6, 7 ; on mène 8, 3, tangente à l'arc 1, 2, 3, 4 ; on prend 6, 7, = 3, 6, et au point 7 on mène la perpendiculaire 8, 9, 7 ; le point 8, sera le centre d'où on décrira les arcs 9, 2 et 7, 3, qui arrondissent les marches jusqu'au limon.

La fig. 7 est faite pour indiquer la manière dont est tracé le bas du limon et la marche palière du même escalier : on porte la largeur b, a, du limon, de b en c, sur la ligne prolongée du devant de la marche 3, et du point c, comme centre, on décrit l'arc a i, de 60 degrés, et l'arc concentrique b, o ; ensuite, on divise c, o, en six parties égales, et de la première division d, on fait l'arc i, k, aussi de 60°., puis reportant sur d, k, une autre des petites divisions c, o, on décrit l'arc k, l, toujours de 60°., et continuant de même, on forme avec les mêmes divisions un exagone régulier c, d, e, f, g, h, dont tous les angles servent successivement de centres aux arcs de cercle LM, MN, etc., qui s'arrêtent aux côtés prolongés de l'exagone.

Pour la spirale de la marche : après avoir du point d, abaissé une verticale sur le devant de cette marche marquée 1, on décrit l'arc de PQ, en l'arrêtant à la prolongation de la ligne d, e, k; on divise d, e, q en 8 parties, et avec chacune de ces divisions, on forme, comme dans le premier cas, une portion d'exagone x, y, z, des angles duquel on décrit les arcs de cercle QR, RS, ST, etc., jusqu'au limon. Cette méthode est plus compliquée que la première, mais elle donne une courbe d'une forme plus agréable dans l'exécution.

Sous les figures 11 et 12, on a dessiné le détail du balustre qui sert de départ à la rampe en fer de l'escalier précédent.

Les figures 9 et 10 donnent le plan et l'élévation d'un escalier contenu dans une cage rectangulaire, et ayant au milieu un évidement de la même forme, avec une rampe en fer, en saillie sur le collet des marches. Enfin les figures 13 et 14 représentent un escalier circulaire en vis St.-Gilles ronde, avec un noyau de fond également circulaire.

NOTA. On voit, par tous ces exemples d'escaliers, que les marches y sont divisées également sur la ligne qui passe au milieu de leur giron, appelée dans la pratique giron moyen, et que pour la commodité de l'emmarchement, il faut que la largeur des marches soit proportionnée à la hauteur qu'on peut leur donner. Cette hauteur doit toujours être de 5 à 7 p°., et la largeur d'une marche, environ deux fois sa hauteur.

PLANCHE 69.

Les fig. 15 et 16 sont le plan et l'élévation d'un escalier à jour dans une cage demi-circulaire. Les premières marches jusqu'au palier, sont portées par un mur d'échiffre ; les autres sont contre-profilées par les bouts et leur queue est scellée dans le mur ; les barreau en fer de la rampe sont en saillie sur le dehors des marches sur lesquelles ils sont vissés au moyen d'une platine qui les reçoit, comme on peut le voir par les détails, fig. 17, 18, 19. La fig. 17 montre que l'olive se visse en dessous des barreaux, la fig. 18, celle qui couronne le balustre au départ de la rampe, et la fig. 19, la manière dont chaque tige s'emmanche avec l'écuyer en bois.

Sous les fig. 20 et 21 on a représenté en plan et en élévation, un escalier à vis St.-Gilles carré, avec un noyau montant de fond ; il est contenu dans des limons droits et dans une cage quadrangulaire, et les marches sont divisées également sur la ligne circulaire qui passe dans leur milieu en 1, 2, 3, 4, 5, etc.; les marches sont assemblées à leur collet dans le noyau, et leur queue est portée par les limons, dont on voit un détail au bas, figure 22. Les lignes ponctuées indiquent la projection verticale du devant des marches, et les lignes pleines et non continuées en plan, a et b, marquent les contre-marches et leurs épaisseurs. On voit que les limons, à leur jonction dans les angles, sont assemblés à queue d'aronde.

La fig. 23 est le plan d'un escalier elliptique, à jour, et la fig. 24 en est l'élévation : les marches sont contre-profilées à leur collet et portent aussi une rampe en saillie ; les détails de cette rampe sont au bas, figures 25, 26 et 27. Elle diffère de la précédente, en ce que le patin 25, qui reçoit les barreaux, 26, est enfoncé dans le massif des marches, où il est retenu par une rondelle et une clavette. Cette rampe porte aussi un écuyer en bois.

Les figures 28 et 35 qui terminent cette planche donnent la masse et les détails d'un escalier de dégagement, exécuté par M. Mandar, architecte. La forme ingénieuse de cet escalier, qui se replie sur lui-même, a permis de profiter d'un emplacement extrêmement resserré, et cependant il est commode et gracieux par sa forme et la juste disposition de ses marches. Elles y sont, comme à l'ordinaire, divisées sur la ligne du giron moyen, mais on a été obligé, pour la commodité de l'emmarchement, de les obliquer à partir de la sixième. Les autres tendent au centre, ou sont encore dans une situation oblique, c'est ce qu'on appelle dans la pratique faire danser les marches, et ce, pour éviter qu'elles deviennent trop étroites ou trop larges à leur rencontre avec les limons ; plusieurs lignes de ces marches sont bombées, pour contribuer encore à la commodité de l'emmarchement. Les fig. 33 et 34 sont les développemens de ce même emmarchement contre les limons. Si l'on porte successivement toutes les largeurs prises sur le plan ab, bc, cd, de, etc., et qu'on les croise d'équerre par les hauteurs égales des marches, a, 21 ; b, 20 ; c, 19 ; d, 18 ; etc., on aura une courbe 13, 14, 15 ; 16, 17, etc., fig. 34, indiquée par tous les devans des marches, et qui doit être parallèle aux bords supérieur et inférieur du limon.

La fig. 33 est le développement du limon opposé ik ;

il s'obtient de même. On peut se servir aussi, dans la pratique, de l'opération inverse, c'est-à-dire, que les courbes rampantes des limons étant données, au moyen des hauteurs des marches on trouvera la largeur de chacune d'elles contre les limons.

La fig. 32 est une portion de la courbe rampante du limon de L en M, vue géométralement ; ses extrémités sont taillées en fausse coupe pour s'assembler avec le limon suivant. La fig. 31 indique particulièrement ce joint assemblé.

NOTA. On exécute quelquefois des escaliers entièrement circulaires, à marches profilées par les deux bouts, sans limons et qui ne sont soutenus qu'à leur point de départ et d'arrivée, mais alors les marches doivent être pleines, et la solidité exige qu'elles soient fortement boulonnées.

PLANCHE 70.

DES MARCHES.

Cette planche est consacrée aux diverses constructions des marches. Les fig. 36 et 37, 38 et 39 sont des marches palières ; on les fait ordinairement massives au départ des escaliers, pour augmenter leur solidité : elles se composent quelquefois des deux et trois premières marches, comme on le voit ici, avec leurs coupes a, b, c et d. Les fig. 40, 41 et 42 indiquent plusieurs marches différemment construites. La première se compose de deux morceaux réunis par un tenon : les lignes ponctuées indiquent le recouvrement de la marche suivante. Les fig. 43 et 44 sont des marches en coupe, portant des barreaux de rampe ; dans la première, ils sont enfoncés ; dans la seconde, ils sont en saillie et vissés. Voyez fig. 50 et 51. Dans ce dernier cas, le fer doit être encastré dans la marche, de manière à effleurer le parement de dessus. Les fig. 46 et 47 sont différens profils de marches, bien entendus sous le rapport de la solidité. Les fig. 48, 49 sont des marches composées de simples planches, clouées ou assemblées à rainures et à languettes. Les fig. 52 et 53 représentent la face et le profil, vus perspectivement, de marches pleines, comme on les emploie le plus fréquemment dans la construction des escaliers modernes. On voit la manière dont elles sont contre-profilées et coupées pour se recouvrir l'une l'autre. Ordinairement on les fortifie par des tenons a, b, par des plates-bandes en fer c, d, ou même des boulons en fer qui les traversent, serrés à vis et écroux e, f, g, h, fig. 57 et 58. La disposition des rampes est aussi indiquée dans ces dernières figures. I, K sont des barreaux isolés, enfoncés à chacune des marches dans le massif du bois ; L, M, fig. 57, est une barre continue qui porte les barreaux. Cette dernière manière offre l'avantage de pouvoir les espacer à volonté, et de leur donner une hauteur égale. Quelquefois les marches, quoique contre-profilées, sont de simples bâtis de planches assemblées en biseaux et soutenues par une courbe rampante en crémaillère, fig. 54, 55, 56. Cette crémaillère est composée de pièces a, b, c, d, une pour chaque marche, et fortifiée par une doublure qui s'y applique, milieu sur joint, et sur laquelle elles sont clouées. Les pièces de cette doublure sont indiquées en plan et en élévation, par les mêmes lettres f, g, h, i k, l.

La fig. 59 est une portion d'escalier circulaire dont les marches contre-profilées, fig. 60, sont soutenues par un bâtis, fig. 61. On voit, fig. 62 et 63, la coupe des marches à leurs deux extrémités, ayant la coupe du joint perpendiculaire au rampant de l'escalier à chaque bout, ce qui donne une surface gauche indiquée par la fig. 64. Quoique cette méthode soit la plus correcte, on préfère, pour la simplicité, faire la coupe seulement perpendiculaire à la ligne de milieu des marches, ainsi que l'indique la figure 65.

Le reste de cette planche contient plusieurs espèces de construction pour les marches et plafonds des escaliers. Tantôt ces marches sont assemblées à queue dans le bâtis, fig. 66, 67, quelquefois les contre-marches sont contenues, haut et bas, dans une rainure pratiquée aux girons des marches, et alors, on les fortifie par un boulon en fer qui se visse sur un étrier; figure 68.

On voit un autre assemblage pour les contre-marches, fig. 69, 70 et 71; et, fig. 72, une construction pour les courbes rampantes composées de plusieurs pièces.

Figure 69, sur le vide triangulaire a, b, c, d, e, f, on applique la pièce a', b', c', d', e', f', qui porte la coupe et dont on voit le parement figure 70, et le contre-parement a", b", c", d", e", f", figure 71. Ce dernier a une rainure intérieure, G, pour recevoir le plafond qui forme la coquille de l'escalier. A la figure 72 est un tasseau triangulaire i, k, l, m, portant rainure et languette, pour s'adapter sous le milieu des marches et les fortifier.

On peut aussi employer de semblables tasseaux à l'extrémité des marches.

PLANCHE 71.

DES LIMONS.

Les figures 73, 74, 75, 76 et 77 sont les différentes parties d'un escalier à noyau, où viennent s'emmancher les limons parallèles aux murs qui forment la cage de l'escalier. Dans ce cas, les limons sont droits, et il n'est pas difficile de les tracer; il ne faut que relever sur le plan les devants des marches, les contre-marches et leurs épaisseurs, et les recroiser successivement par les hauteurs des marches. On obtient ainsi les points 8, 9, 10, 11, 12, 13, fig. 74, auxquels on mène parallèlement les lignes qui terminent le limon en haut et en bas. On a eu par le même procédé les portions de limon, 75 et 76, qui sont assemblées dans le noyau de fond, au moyen de tenons figurés a, b, c, d; l'on voit la mise-dedans de cet assemblage, fig. 77.

La fig. 78 est une partie d'escalier rectangulaire à quartiers tournans. L'emmarchement, EF, est relevé sur le plan, fig. 82, et la rampe, GH, est développée fig. 81; on l'a faite comme il a été expliqué ci-devant pour la fig. 28, en portant, l'une après l'autre, les mesures partielles des marches G, i, k, l, m, de 2 en i, de 3 en k, de 4 en l, de 5 en m, etc., et en les croisans par les hauteurs des marches égales à 3i, 4k, 5l, 6m, etc.; ce développement donne une ligne sinueuse, qui est celle du limon.

C'est de la même manière qu'on a développé les limons demi-circulaires des fig. 83 et 85, où les largeurs partielles des marches a, b, c, d, e, f, et j, i, k, l, m, n, sont relevées par des perpendiculaires marquées des mêmes lettres en élévation; les autres lignes ponctuées sont les épaisseurs. L'égalité des marches, dans le premier cas, donne une courbe continue, et leur inégalité, fig. 85, donne une courbe sinueuse, fig 86.

On observera qu'en appliquant une règle sur les points n', n" et m', m", etc., du haut du limon, elle doit toucher exactement toute la ligne n', n", ou m', m", et que la scie doit suivre la même direction, lorsqu'on coupe le bois, dans l'exécution de ces courbes.

La fig. 87 est faite pour expliquer la manière de tracer la cerce rallongée d'une partie de limon, fig. 89, et connaître la forme et l'épaisseur du bois à retrancher (opération qu'on nomme le débillardement).

Pour exécuter cette même partie, présentée géométralement et en raccourci, fig. 88, on opère ainsi: Après avoir fait la projection verticale, fig. 88, on tire la ligne A, B, qui touche l'extrémité A, et la partie la plus bombée du limon; ensuite, des points de contact de cette ligne avec chaque ligne de la projection verticale, on élève des perpendiculaires, et, enfin, on prend sur le plan de niveau les distances de chacun des points de la courbe à la ligne C, D, qui représente, en plan, la ligne A, B, et qu'on rapporte sur les lignes correspondantes pour avoir la cerce rallongée, fig. 89. Nous n'insisterons pas davantage ici sur cette opération, qui sera expliquée avec tous ses détails, dans les deux dernières planches.

C'est aussi par le même procédé qu'on a eu la cerce rallongée, fig. 96, qui est celle d'une partie de limon, fig. 95, appartenant à un escalier rond, à jour et à repos, fig. 90. La partie du limon du repos est relevée, fig. 94, et les autres portions du même limon sont fig. 91, 92 et 93. On voit qu'ils sont assemblés à joints rompus, ab, cd, ef. Le limon des fig. 95 et 96 est celui compris entre les points G, H, comme on peut le voir aux lignes marquées des mêmes lettres, fig. 95 et 96.

PLANCHE 72.

DU TRACÉ DES ESCALIERS, ET DE LEURS LIMONS ET COURBES RAMPANTES.

Soit le plan A, fig 97, une portion d'escalier circulaire qu'il s'agit de tracer: tirez une ligne de B en C, et une autre de D en E; élevez les lignes 1, 2; 3, 4; 5, 6; 7, 8; 9, 10; 11, 12; 13 et 14 perpendiculaires à la ligne B, C; elles formeront les lignes d'aplomb; tirez ensuite la ligne F parallèle à la ligne B, C; portez sur cette ligne de F en F', autant de hauteurs de marches qu'il s'en trouve sur le plan de niveau A; ces lignes se croisant avec celles 1, 2, 3, 4, 5, 6, 7, 8, 9, 10, 11, 12, 13 et 14, donneront les hauteurs des marches et le rampant de la courbe; fixez, ensuite, la hauteur du dessus des marches au-dessus de la courbe sur les lignes d'aplomb, en 1', 2', 3', 4', 5', 6' 7', etc., ces points raccordés ensemble formeront les deux arrêtes du dessus du limon et s'appelleront lignes d'équerre; portez en contre-bas de chaque ligne d'équerre la largeur que vous voulez donner au limon, vous obtiendrez les points 1", 2", 3", 4", 5", 6", 7", 8", 9", 10", etc., qui fixeront les arrêtes inférieures de la courbe.

6

Si vous tirez ensuite la ligne oblique GH, qui touche l'extrémité H et la partie la plus bombée du limon, et sa parallèle IJ, elles donneront la largeur totale de la courbe en masse, comme la ligne B, C en fait voir toute l'épaisseur, en la prenant au milieu de l'arc de cercle ; la longueur se prend sur le rampant de la courbe.

CALIBRE OU CERCE RALLONGÉE.

Des points de rencontre des lignes d'aplomb 1, 2, 3, 4, 5, 6, 7, 8, 9, 10, 11, 12, 13 et 14 avec les obliques GH et IJ, élevez des perpendiculaires à ces mêmes lignes; prenez ensuite, d'aplomb sur la ligne BC, toutes les hauteurs 1, 2, 3, 4, 5, etc., et portez-les, selon leurs numéros correspondans, sur la ligne oblique GH; toutes ces hauteurs raccordées ensemble donneront les calibres. Cette opération sert à tracer toutes les courbes cintrées, pour en obtenir le débillardement.

La courbe K se trace par le même procédé.

TRACÉ DU PLAFOND MASSIF.

Soit le plan circulaire A, fig. 98, pris du plan A de la figure précédente. Il faut décrire les deux arcs concentriques, 15 16, du centre b, et rapporter sur ces arcs les compartimens des marches du plan A, fig. 97 ; tirer la ligne B, C, sur laquelle vous éleverez les perpendiculaires 1, 2, 3, 4, 5, 6, 7, 8, 9, 10, 11, 12, 13 et 14; tirer ensuite la ligne D, parallèle à B, C, ensuite prendre sur le plan de l'escalier, la hauteur des marches, et reporter sur la perpendiculaire D,E, autant de ces hauteurs qu'il se trouve de lignes de marches sur le plan de niveau; ces hauteurs renvoyées horizontalement, se croisant avec les premières 1, 2, 3, 4, 5, 6, 7, 8, 9, etc., du plan A, donneront les points de raccord. On porte, ensuite, au-dessus de chacune des hauteurs de marches, l'épaisseur du plafond ; ces lignes se croisant aussi avec les premières, donneront les autres points de raccord, et par conséquent l'épaisseur du plafond. Pour tracer les calibres, F, on opère d'après le principe que l'on a suivi pour celui de l'escalier.

Dans ces deux figures, les lignes pleines indiquent les plans, les limons et leurs courbes rampantes, ainsi que le plafond en masse ; les lignes ponctuées indiquent les opérations, ou bien les portions de courbes qu'on ne pourrait pas apercevoir en exécution, étant cachées par l'épaisseur du bois.

La fig. 99 représente le plan d'un escalier circulaire à rampes concentriques, avec un premier emmarchement évasé, dont on voit le plafond tracé dans toutes ses parties, par la méthode précédente. Ainsi : fig. 101, des points a, b; c, d; e, f, qui expriment, en plan, deux portions du bâtis qui doit recevoir les panneaux du plafond, on a élevé des perpendiculaires indéfinies, qu'on a recroisées à angle droit par les horizontales g, h, i, k, l, m, n, o, et ces dernières ont été arrêtées entre les parallèles 1, 2; 3, 4; 5, 6; 7, 8, indiquant la rainure qui doit recevoir le plafond, dont le plan est exprimé par les arcs de cercle 9, 10 et 11, 12. On conçoit que les panneaux, qui s'assemblent dans ces bâtis, forment une surface continue, parallèle à la pente de l'escalier, et dont le dessus et le dessous sont des surfaces gauches.

Quant aux lignes de rampes et courbes rampantes de la fig. 99, elles ont toutes été relevées comme celle de la fig. 100, qui exprime la rainure du plafond de l'escalier, comprise de A en B, fig. 99. Toutes les longueurs de cette ligne 1, 2, 3, 4, 5, 6, 7, 8, ont été rapportées sur une base égale A,B, fig. 100, en 1, 2, 3, 4, 5, 6, 7, 8; et les lignes perpendiculaires ponctuées, tirées indéfiniment, et ensuite recroisées à angle droit par les hauteurs de marches 9, 10, 11, 12, 13, 14, 15, 16, 17 et 18, ont donné les points de rencontre 19, 20, 21, 22, 23, etc., avec lesquels on a établi la courbe rampante.

Ces deux méthodes ont servi à obtenir, fig. 99, toutes les courbes rampantes et les parties de plafond qui y correspondent. Chaque opération est indiquée par les mêmes lettres en plan et en élévation; ainsi la première courbe a, b, en plan, est indiquée par les lettres a', b', en élévation, etc.; la seconde c, d, par c', d', etc.; la troisième, e, f, par e', f', etc. Et de même, les parties i, k, par i', k'; l, m, par l', m'; n, o, par n', o', etc., et ainsi de suite.

PLANCHE 73.

Si l'on a suivi avec soin les opérations de la planche précédente, on concevra facilement le tracé des deux escaliers qu'on donne ici avec toutes leurs parties développées. On a marqué des mêmes lettres les différentes parties qui se correspondent en plan et en élévation.

La figure 102 est un escalier à crémaillères, portant des marches contre-profilées par les deux bouts. La partie de crémaillère de la rampe, EF, est relevée sur une ligne de base transportée en G,H, par les opérations précédemment indiquées; les devants des marches 1, 2, 3, 4, 5, 6, 7, 8, 9, en plan, sont élevés aux points 1″, 2″, 3″, 4″, 5″, 6″, 7″, 8″, où elles sont croisées par les horizontales 1′, 2′, 3′, 4′, 5′, 6′, 7′, 8′, 9′, indiquant les hauteurs des marches.

La rampe en crémaillère A,B est relevée sur cette même ligne, et les perpendiculaires a, b, c, d, e, f, g, ont été croisées en élévation par les horizontales partant des points a', b' c', d', e', f', g', ce qui a donné les angles des marches a″, b″, c″, d″, e″, f″, g″, ainsi que le joint h, h″; et la ligne i, k, indiquant le dessous ou la coquille de l'escalier, qui est parallèle à ces angles.

La partie L est exprimée dans sa projection verticale en L″; la courbe intérieure M, comprise sur la base M', est relevée en M″; la partie o, sur la base o', est projeté en o″; la portion P, P', P″, de cet escalier, est obtenue par les mêmes moyens, et les joints sont indiqués à ses deux bouts comme à toutes les autres parties.

La fig. 103 est un escalier circulaire, à limons, qui n'offre pas plus de difficultés. Ainsi, le limon droit A,B est relevé sur une ligne de base transportée en A', B'; tous les points a, b, c, d, e, f, g, h, i, ont été élevés comme les précédens, et les doubles lignes 1, 2, etc. sont celles qui ont donné les épaisseurs hautes et basses du limon 3, 4 et 5, 6; on a eu de la même manière les portions de limon K, L, M, et on a mené à ce dernier la ligne 17, 18, pour la cerce rallongée, si on voulait l'avoir. Enfin la partie X, Y du limon, est relevée en X, Y, Z, et le joint U, V, en U, V. Le limon inférieur, N', N″, n'offre pas plus de difficulté, et on tracerait de même les entailles qui devraient recevoir le collet des marches, si c'était un poteau montant de fond.

Les contre-marches et leurs épaisseurs sont indiquées en plan par les lignes interrompues 10 et 11, et relevées de même : les deux courbes rampantes 12, 13 et 14, 15, sont parallèles au devant des marches, et la ligne 15, 16, comme celle 17, 18, est une ligne d'attente, sur laquelle on pourrait relever la cerce rallongée.

On observera que pour les crémaillères il ne faut relever que les épaisseurs ou le derrière des contre-marches, pour pouvoir faire des entailles analogues. Ces épaisseurs sont ici exprimées par les lignes ponctuées 1, 2, 3, 4, 5, 6, etc., fig. 102.

Ces deux exemples d'escaliers sont sans échiffre, et n'ont d'autres points d'appui que ceux du départ et de l'arrivée.

TABLE DES MATIÈRES.

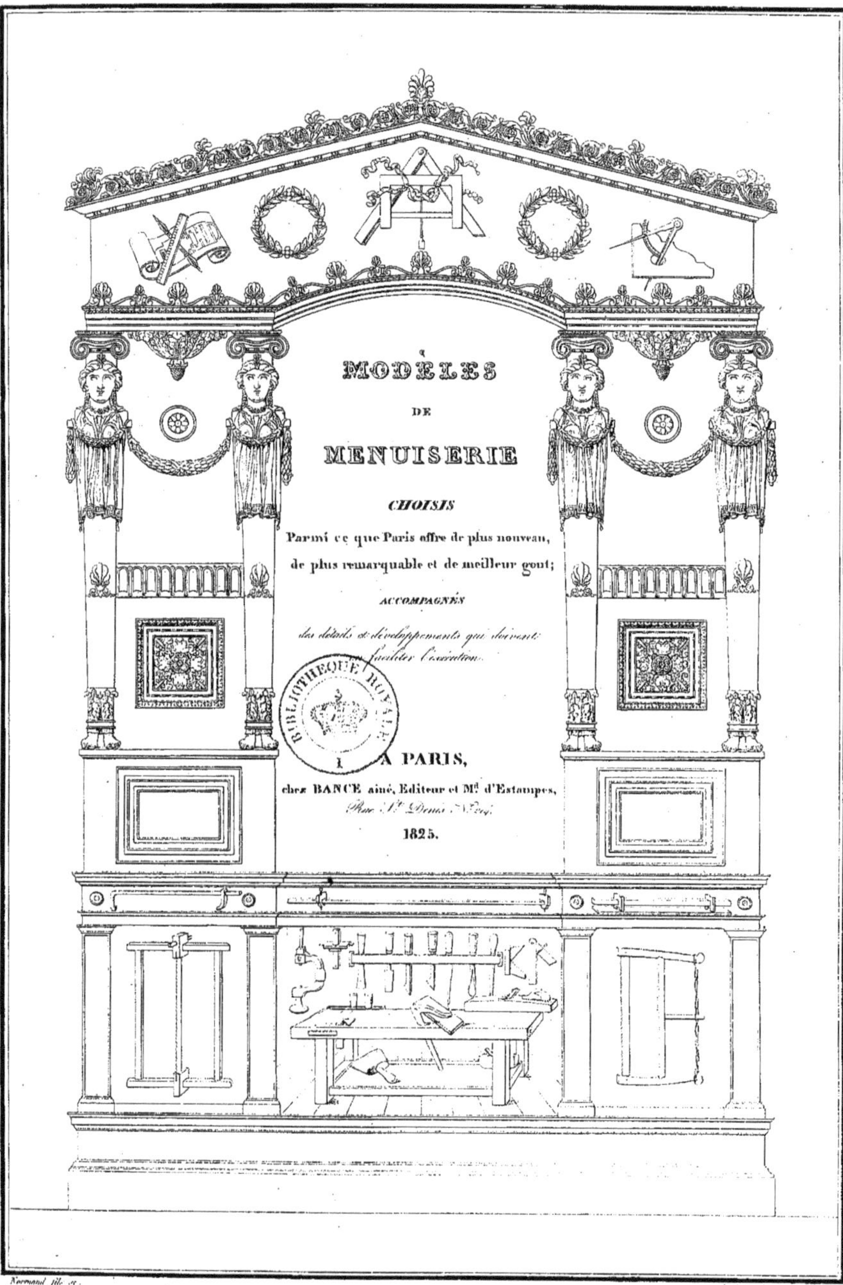
MODÈLES
DE
MENUISERIE
CHOISIS
Parmi ce que Paris offre de plus nouveau,
de plus remarquable et de meilleur goût;
ACCOMPAGNÉS
des détails & développements qui doivent
faciliter l'exécution.
A PARIS,
chez BANCE aîné, Éditeur et Md d'Estampes,
Rue St. Denis No. 204.
1825.
Normand fils sc.
La Lettre Gravée par L'Picquet

Vermant fils sculp.

Porte de la Nouvelle Église Ste Geneviève.

Publié par Bance aîné à Paris.

Détails de la Porte de la Nouvelle Église Sainte Geneviève.

Détail de la Porte du Musée de Sculpture.
Détail de la Porte du Musée de Sculpture.
Profil de la moitié de la Porte ci dessous, pris au milieu.
Profil de la moitié de la Porte ci dessous.
Echelle de
12 pieds.
Petite Porte de l'Église St Geneviève.
Porte du Musée de Sculpture.
Porte du Musée de Peinture.

Serurier fils sculp.

Porte Latérale du Chœur de l'Église St. Étienne du Mont.

Porte Gothique, Rue St. Hippolyte.

Porte Cochère de l'Hôtel Titon, Vieille Rue du Temple.

Porte Cochère, Rue des Petites-Écuries.

Profil de la moitié du Panneau du milieu.

Profil de la moitié de la Porte, vers le milieu.

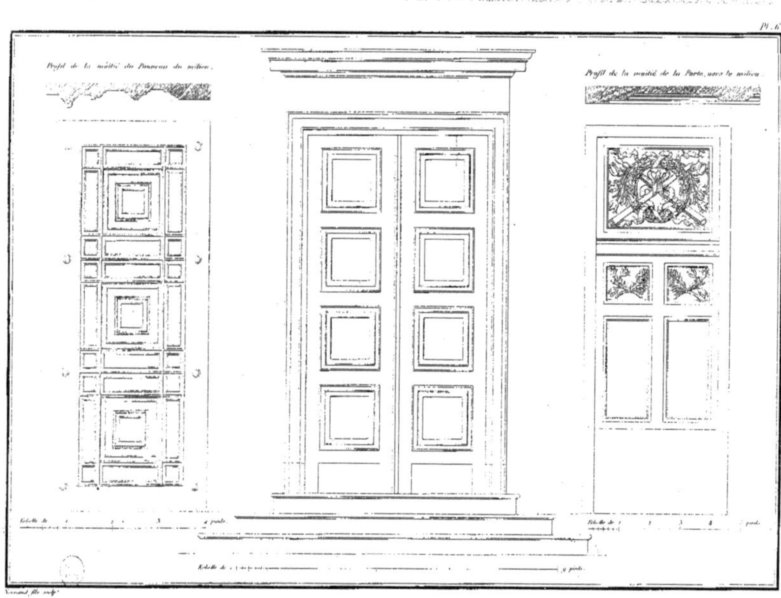

Vincent, fils sculp.t

Porte Bâtarde, Rue Hauteville.

Porte du Théâtre neuf dans le Passage du Vaux-hall d'été.

Porte Latérale de S.t Jean du Chardonnet.

2.º Cahier.　　　　　　　　　　　　　　　　　　　Pl. 7.

Porte Latérale de l'Église de St. Nicolas des Champs.

Porte Cochère Rue du Faubourg Saint Honoré.

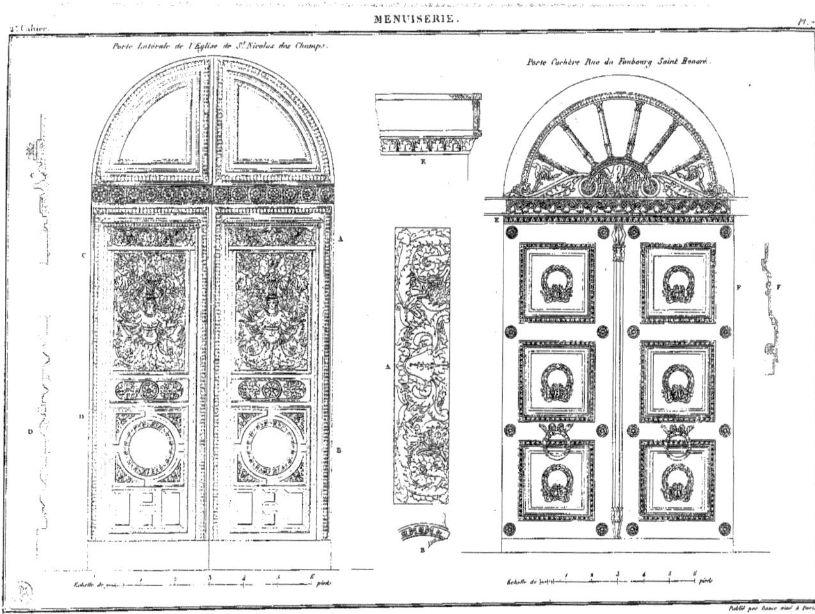

Echelle de ...　1　2　3　4　5　6　pieds

Echelle de ...　1　2　3　4　5　6　pieds

Publié par Bance ainé à Paris.

Porte de l'Ancienne Chapelle S.t Eloy
Rue des Orfèvres
Porte de l'Église du Val de Grace
Echelle de 1 2 3 4 5 6 pieds
Echelle de 1 2 3 4 5 6 12 pieds

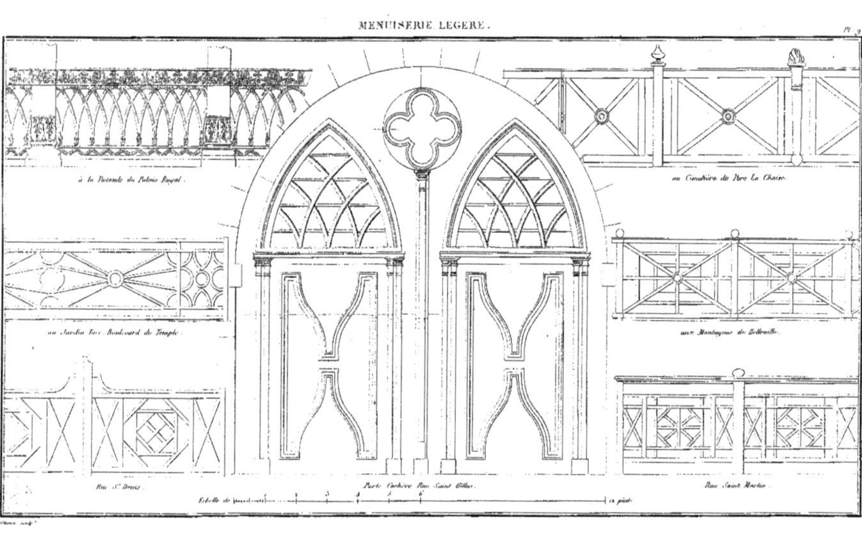

à la Rotonde du Palais Royal.
au Cimetière du Père La Chaise.
au Jardin Turc, Boulevard du Temple.
aux Montagnes de Belleville.
Rue St. Denis.
Porte Cochère Rue Saint Gilles.
Rue Saint Martin.
Echelle de grandeur
12 pieds.

Olivier sculp.t

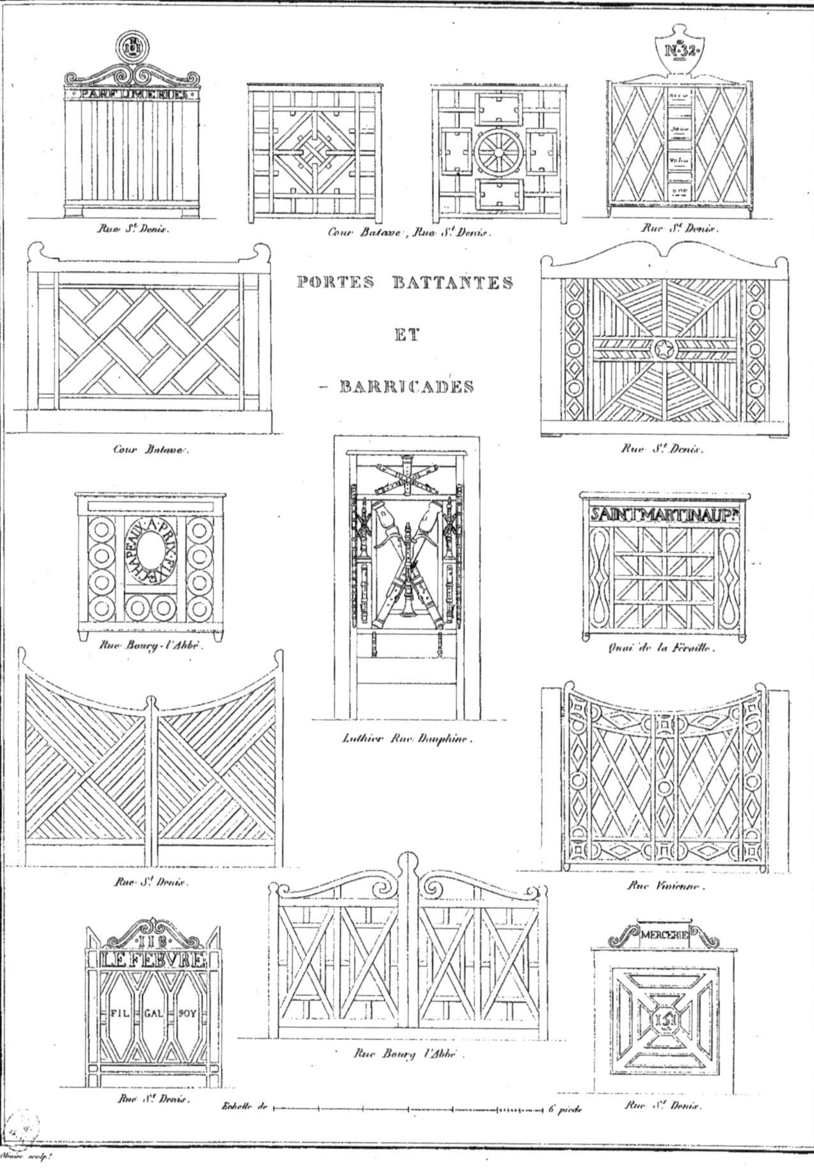
PARFUMERIES
N.32.
PORTES BATTANTES
ET
— BARRICADES
CHAPEAUX A PRIX FIXE
SAINT MARTIN AU P.
LE FEBVRE
FIL GAL SOY
MERCERIE
Rue St Denis.
Cour Batave, Rue St Denis.
Rue St Denis.
Cour Batave.
Rue St Denis.
Rue Bourg-l'Abbé.
Luthier Rue Dauphine.
Quai de la Féraille.
Rue St Denis.
Rue Vivienne.
Rue Bourg l'Abbé.
Rue St Denis.
Rue St Denis.
Echelle de
6 pieds

CROISÉE
DU LOUVRE
D
C
E
A
B
D
D
C
A
E
D
E
B
1 2 3 4 5 6 7 8 9 10 11 12
2 pieds
Echelle des détails
Plan de la Croisée.
Echelle de mesure
1 2 3 4 5 pieds

Moyennes Portes de la Cour du Louvre.
Petites Portes de la Cour du Louvre.
Passinelle en fonte semblable aux deux Portes.
Détail du Grillage semblable dans les deux Portes.
Echelle de
Echelle de
Publié par Bance ainé à Paris.

Porte du Châtelet
Grillage d'une Porte d'Allée
Porte Rue Lenoir
Grillage d'une Porte Boulevard S.t Martin
A   B
C   D
Coupe sur la ligne A. B.
Echelle de ... pieds
Pierre
Coupe sur la ligne C. D.

Pl. 51.
Porte Rue Notre-Dame Nazareth
Porte Rue de Tracy
Grillage d'une Porte Rue de Cléry
Coupe sur la ligne A B.
Coupe sur la ligne C D.
Échelle de
A
B
C
D

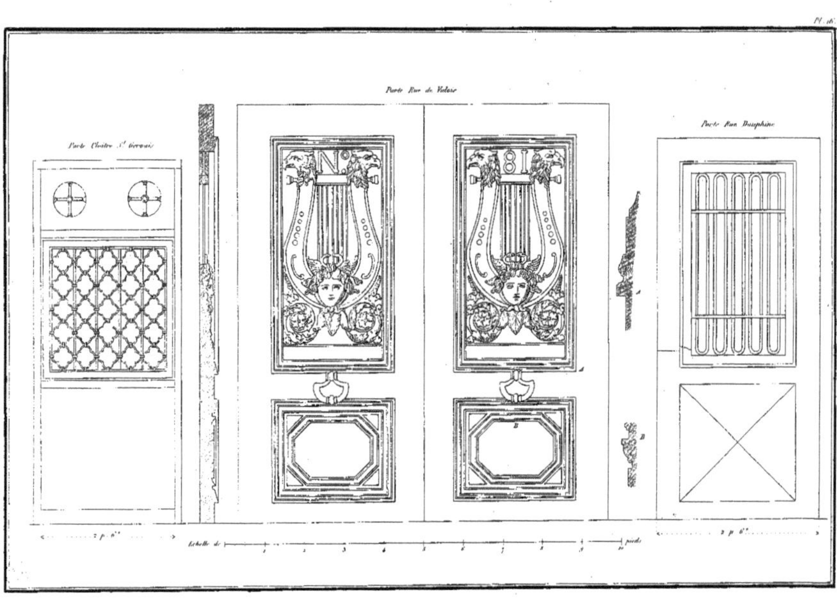
Porte Cloître St Gervais
Porte Rue de Verine
Porte Rue Dauphine
Echelle de

Rue Montesquieu
Rue de Tournon.
A
B
G
H
Coupe sur la ligne A.B.
Coupe sur la ligne G.H.
Rue de la Monnaie.
Rue Montesquieu.
E
F
C
D
Coupe sur la ligne E.F.
Coupe sur la ligne C.D.
Echelle de
pieds.

Rue Michel-le-Comte.

Rue du Temple.

Rue de Montmorency.

Rue Beaurepaire.

Echelle de ..... 1 ..... 2 ..... 3 ..... 4 ..... 5 ..... 6 pieds.

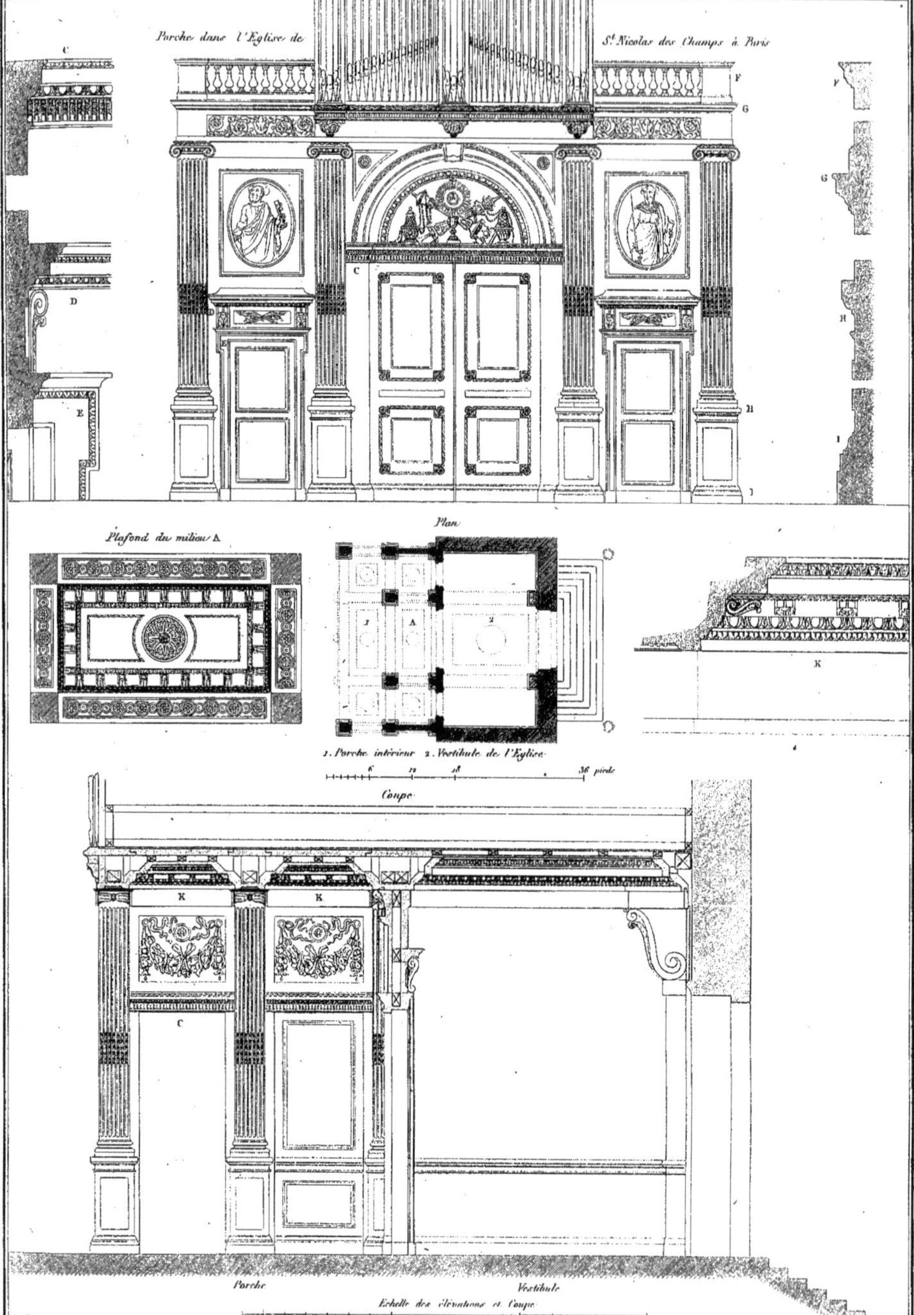
Porche dans l'Église de
St. Nicolas des Champs à Paris
Plafond du milieu A
Plan
1. Porche intérieur 2. Vestibule de l'Église
6   12   18   36 pieds
Coupe
K   K
C
Porche   Vestibule
Échelle des élévations et coupe
6   12   18 pieds

Plinier sculp.

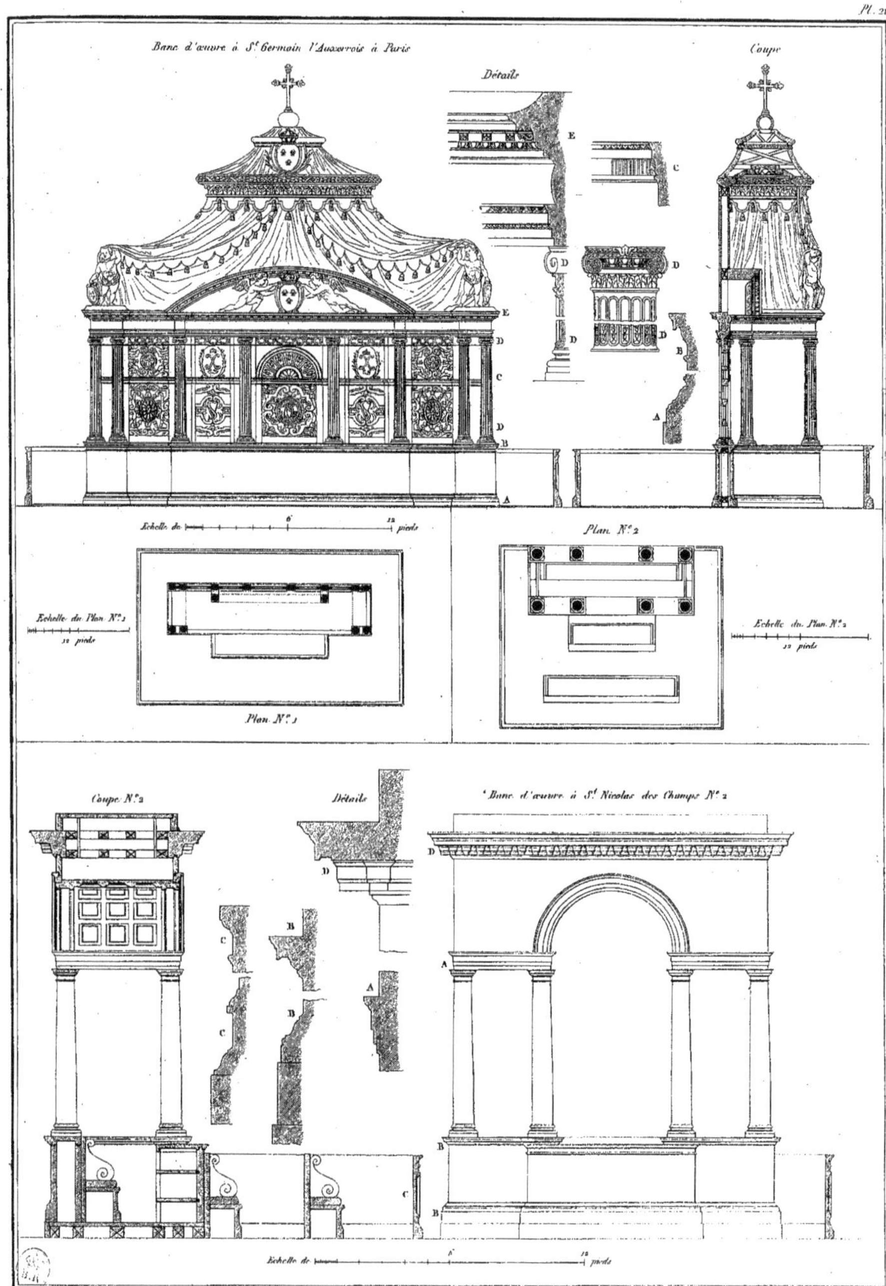
Banc d'œuvre à St. Germain l'Auxerrois à Paris
Détails
Coupe
E
C
D
D
D
B
A
E
D
C
B
A
Echelle de — 6 — 12 — pieds
Echelle du Plan N.º 1
12 pieds
Plan N.º 1
Plan N.º 2
Echelle du Plan N.º 2
12 pieds
Coupe N.º 2
Détails
Banc d'œuvre à St. Nicolas des Champs N.º 2
D
C
B
A
B
B
C
D
A
B
C
Echelle de — 6 — 12 — pieds

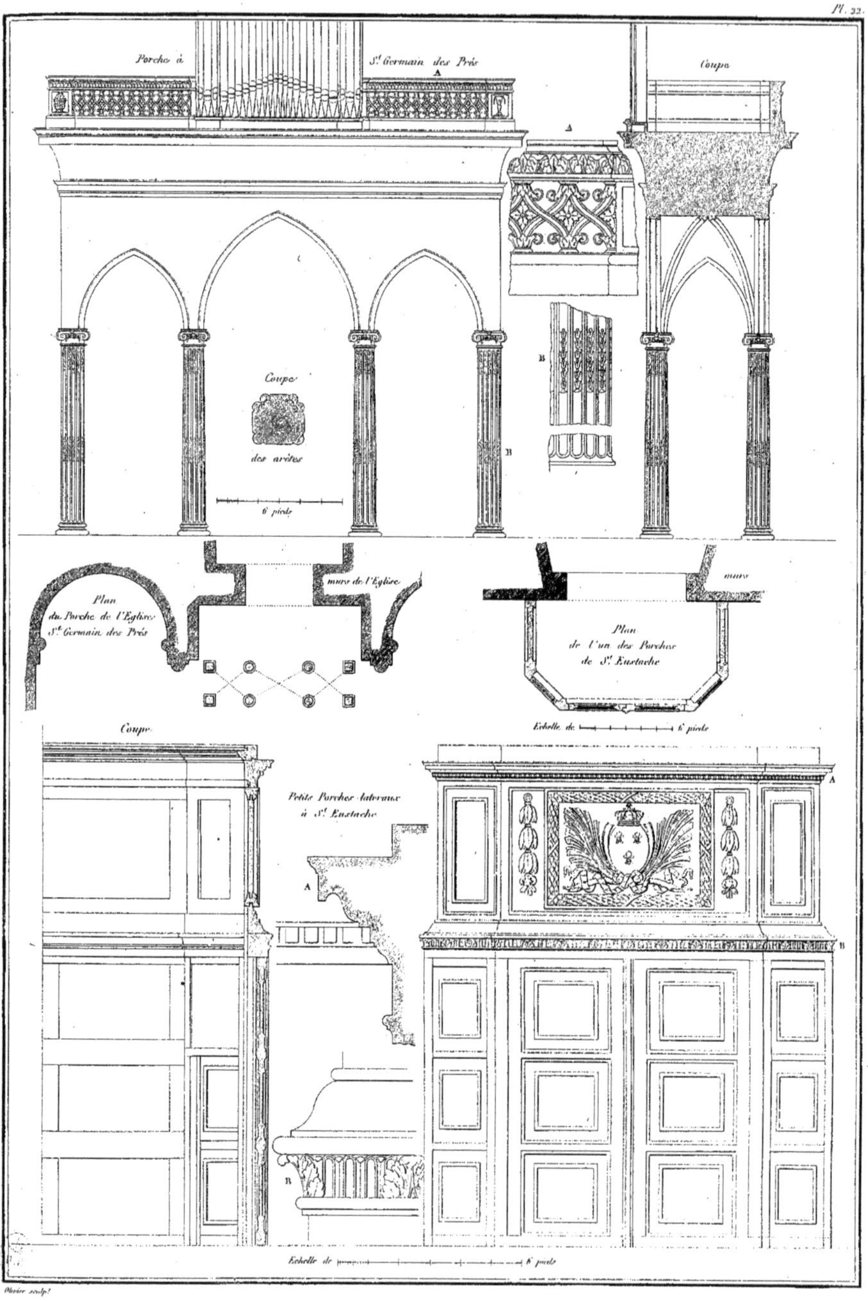
Porche à St. Germain des Prés
A
Coupe
A
B
Coupe
des arêtes
B
6 pieds
murs de l'Eglise
Plan du Porche de l'Eglise St. Germain des Prés
murs
Plan de l'un des Porches de St. Eustache
Echelle de 6 pieds
Coupe
Petits Porches lateraux à St. Eustache
A
A
B
B
Echelle de 6 pieds

Olivier sculp.

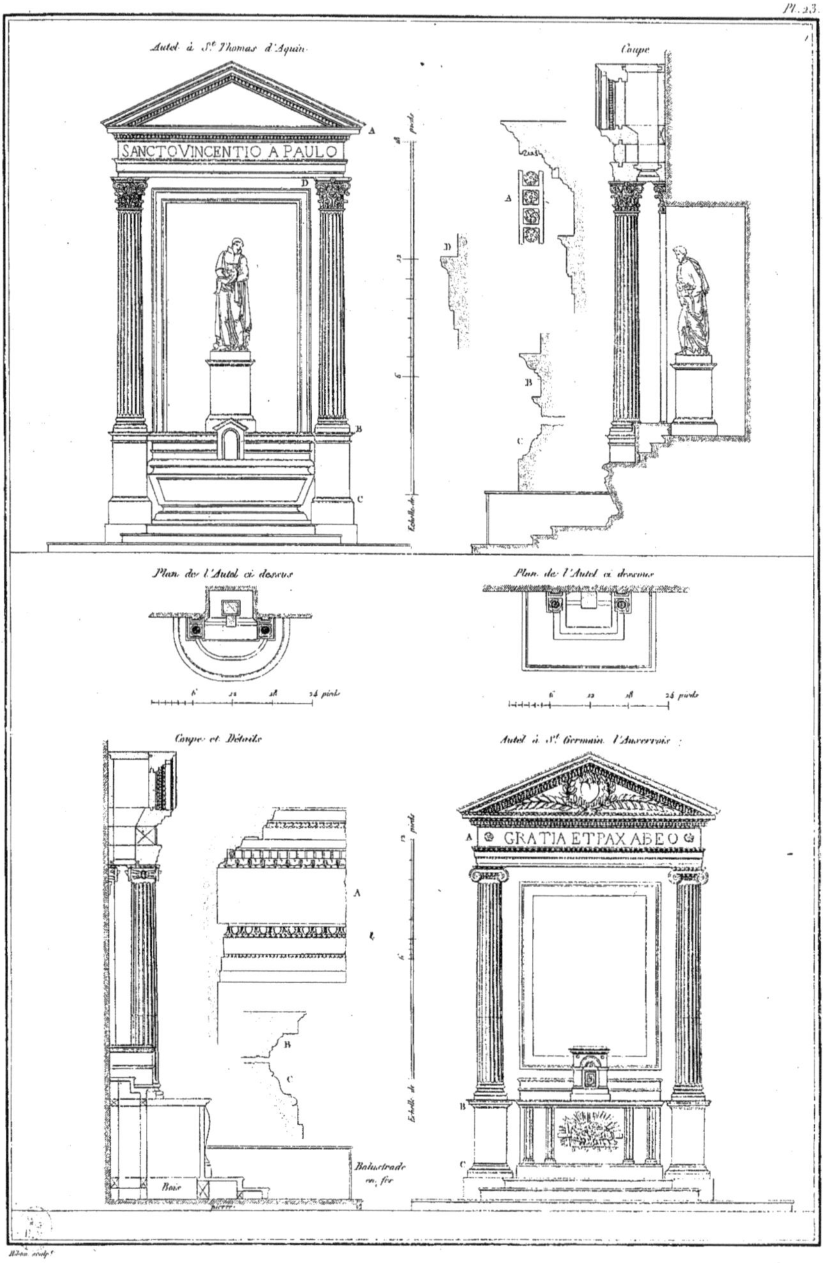

Autel à S.t Thomas d'Aquin
SANCTO VINCENTIO A PAULO
A
D
B
C
Échelle de
6
12
18
pieds
Coupe
A
D
B
C
Plan de l'Autel ci dessus
6
12
18
24 pieds
Plan de l'Autel ci dessous
6
12
18
24 pieds
Coupe et Détails
A
B
C
Baie
pierre
Balustrade en fer
Autel à S.t Germain l'Auxerrois
GRATIA ET PAX A DEO
A
B
C
Échelle de
6
12
pieds

Hibon sculp.t

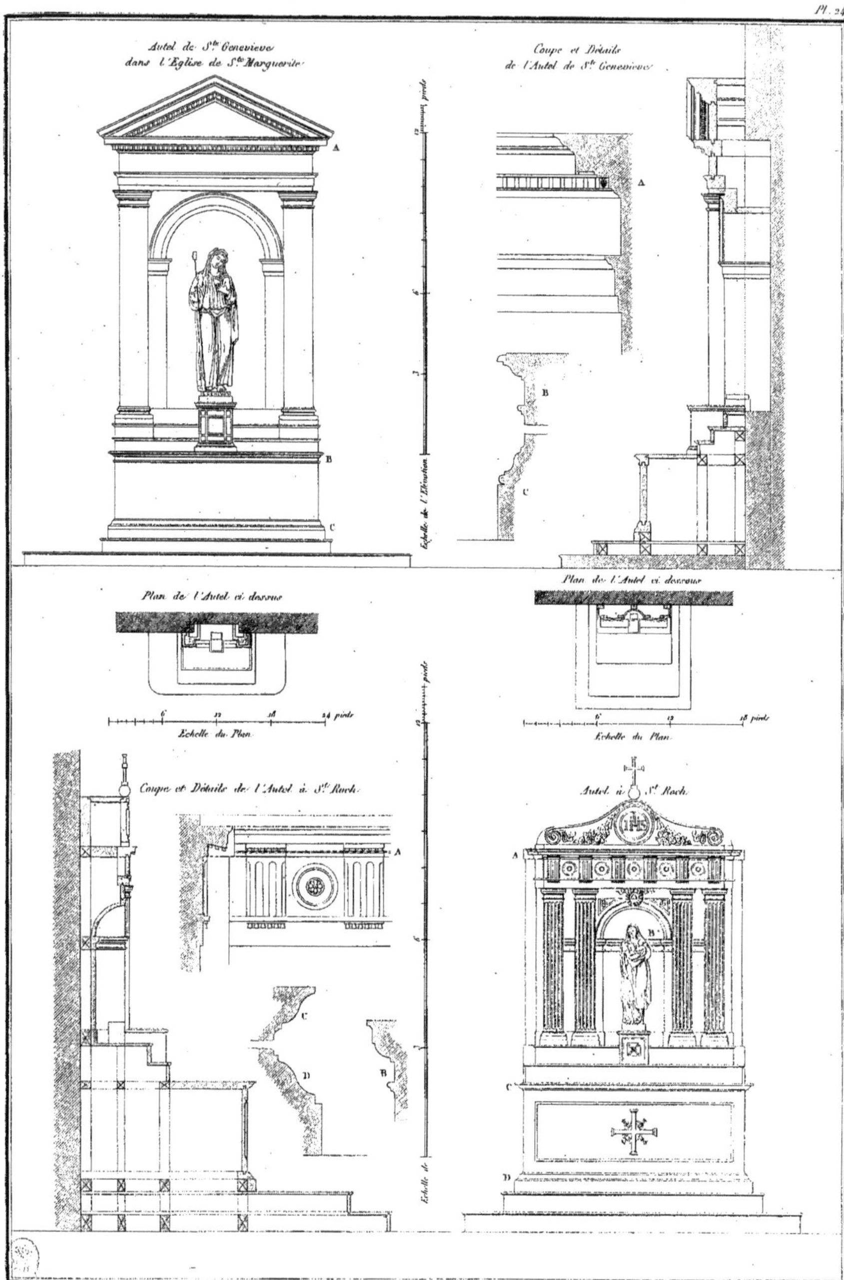

Autel de Ste Genevieve
dans l'Eglise de Ste Marguerite.
Coupe et Détails
de l'Autel de Ste Genevieve.
Echelle de l'Elevation.
Plan de l'Autel ci dessus.
Plan de l'Autel ci dessous.
Echelle du Plan.
Echelle du Plan.
Coupe et Détails de l'Autel à St Roch.
Autel à St Roch.

Plan Coupe Elévation et Détails de la Chaire à Prêcher de St. Thomas d'Aquin à Paris
PILIER de l'Église
piede

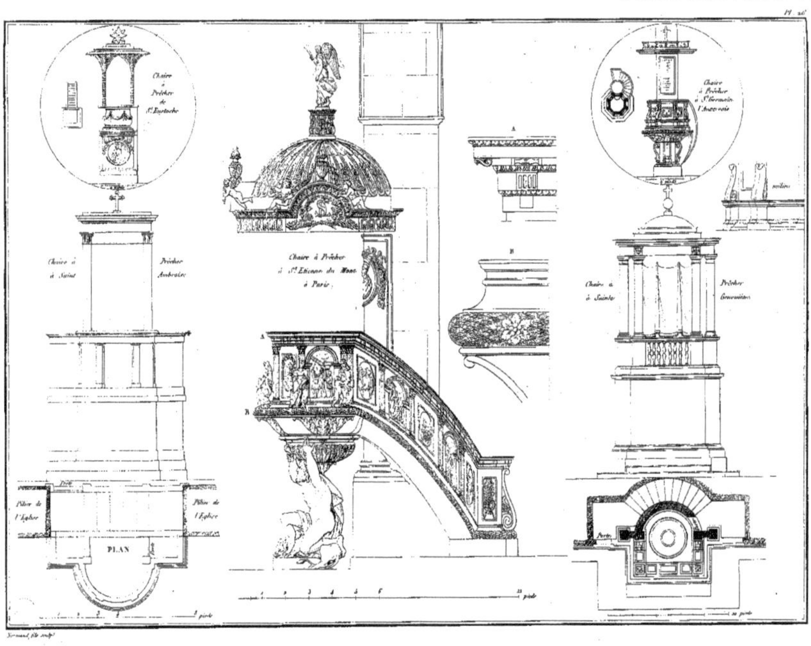

Chaire à Prêcher de St. Eustache
Chaire à Prêcher à Saint Ambroise
Chaire à Prêcher à St. Etienne du Mont à Paris.
A
B
Chaire à Prêcher à St. Germain l'Auxerrois
Chaire à Prêcher à Sainte Geneviève
PLAN
Pilier de l'Église
Pilier de l'Église
Porte

CONSTRUCTION D'UNE STALLE AVEC SES DÉTAILS.

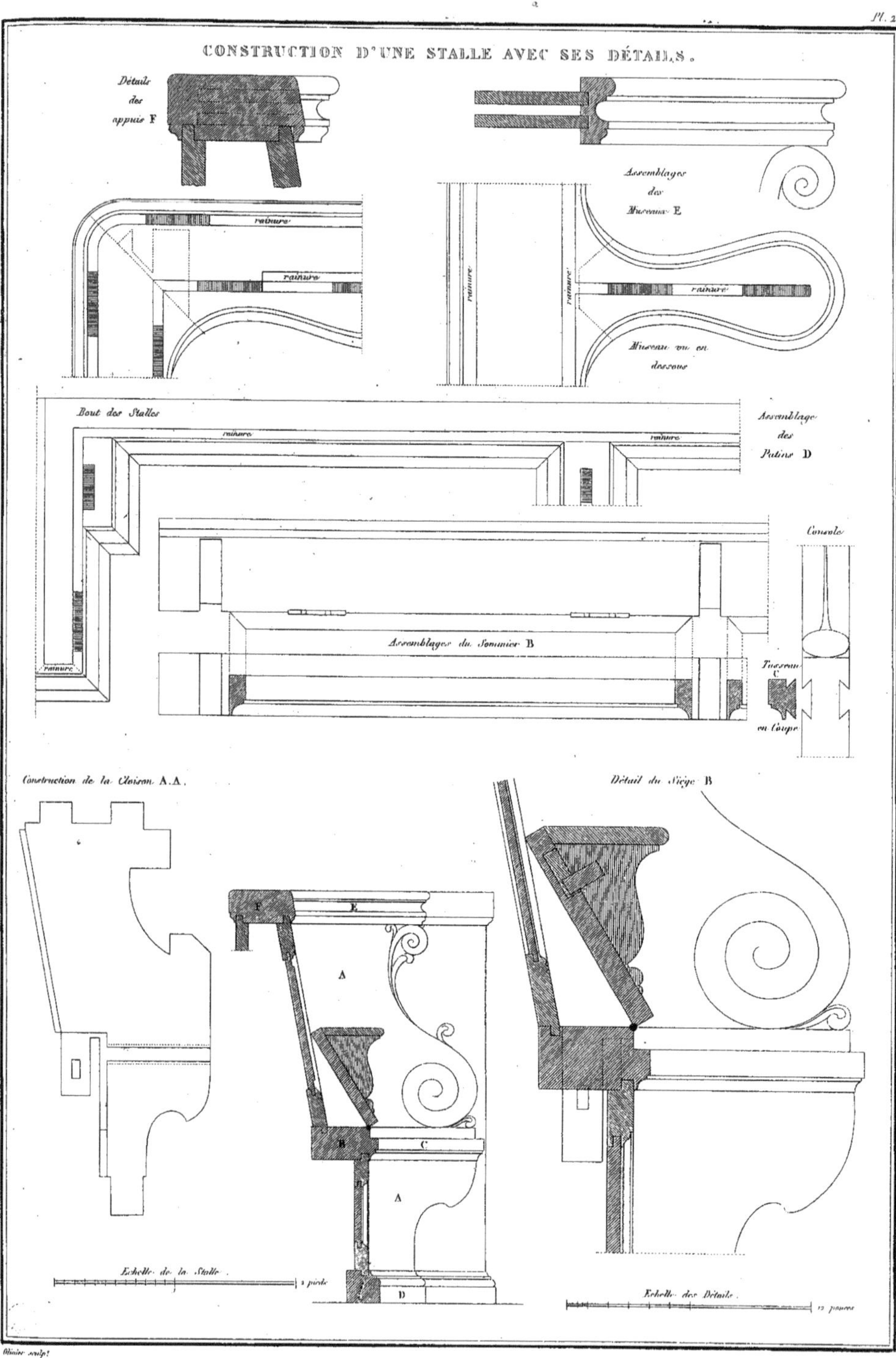

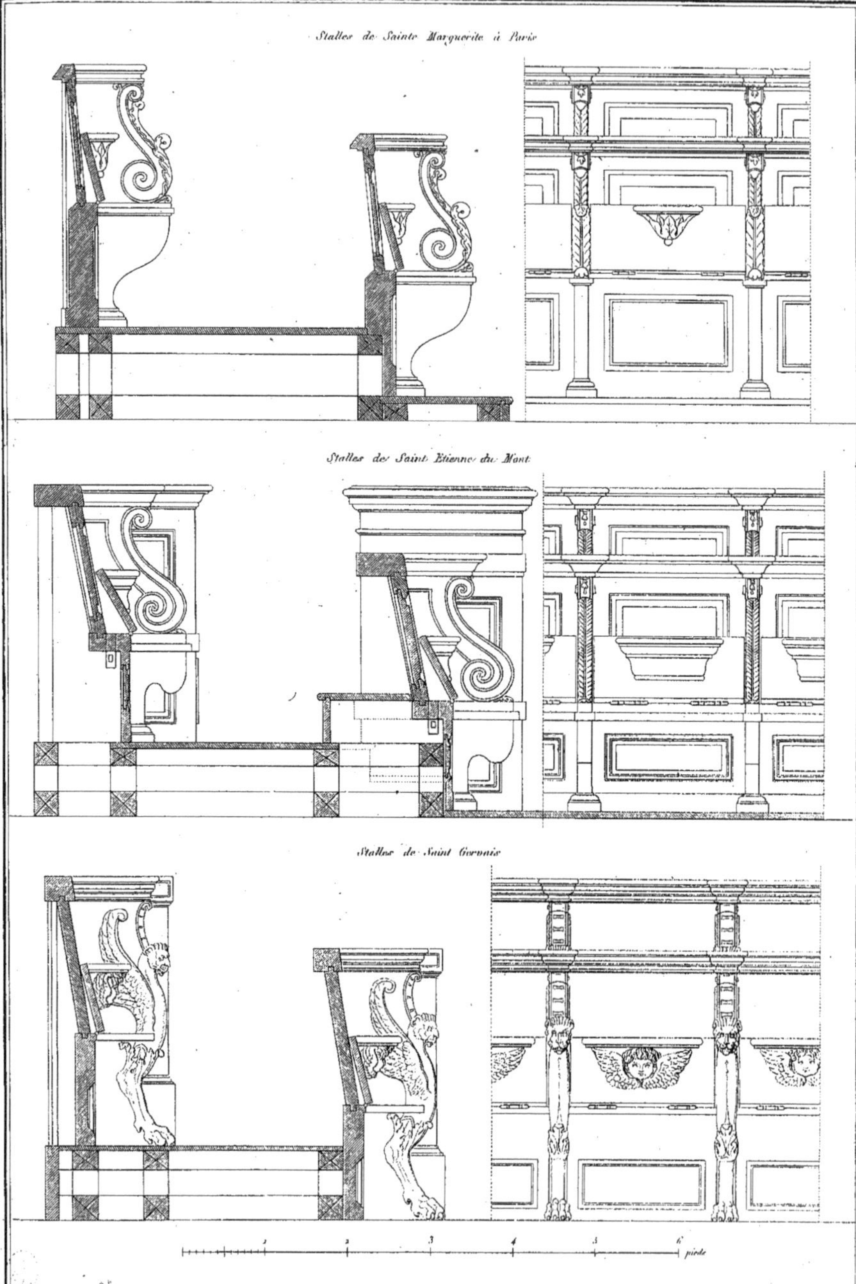

Stalles de Sainte Marguerite à Paris
Stalles de Saint Etienne du Mont
Stalles de Saint Gervais
pieds

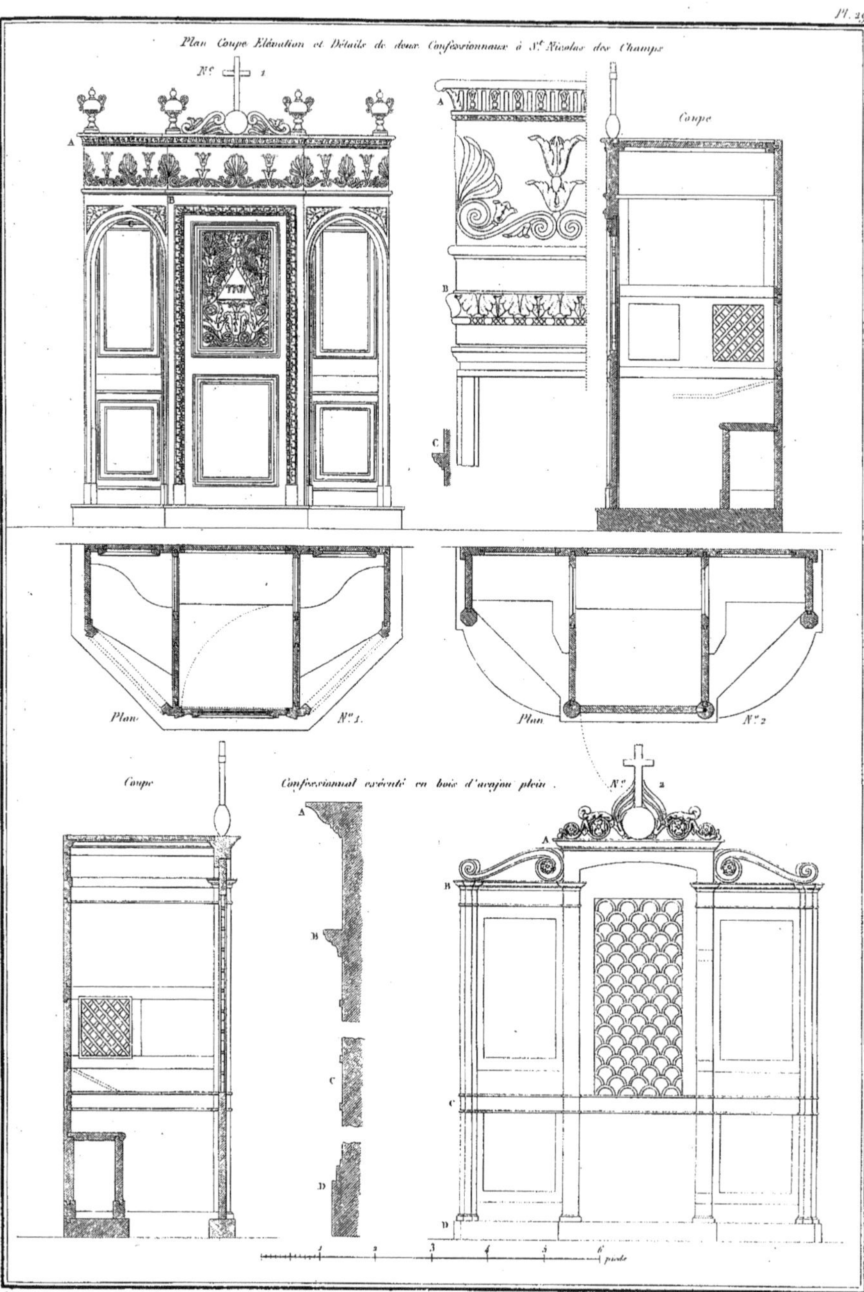

Plan Coupe Élévation et Détails de deux Confessionnaux à St Nicolas des Champs
N° 1
Coupe
A
B
C
Plan. N° 1.
Plan N° 2
Coupe
Confessionnal exécuté en bois d'acajou plein
N° 2
A
B
C
D
A
B
C
D
1 2 3 4 5 6 pieds

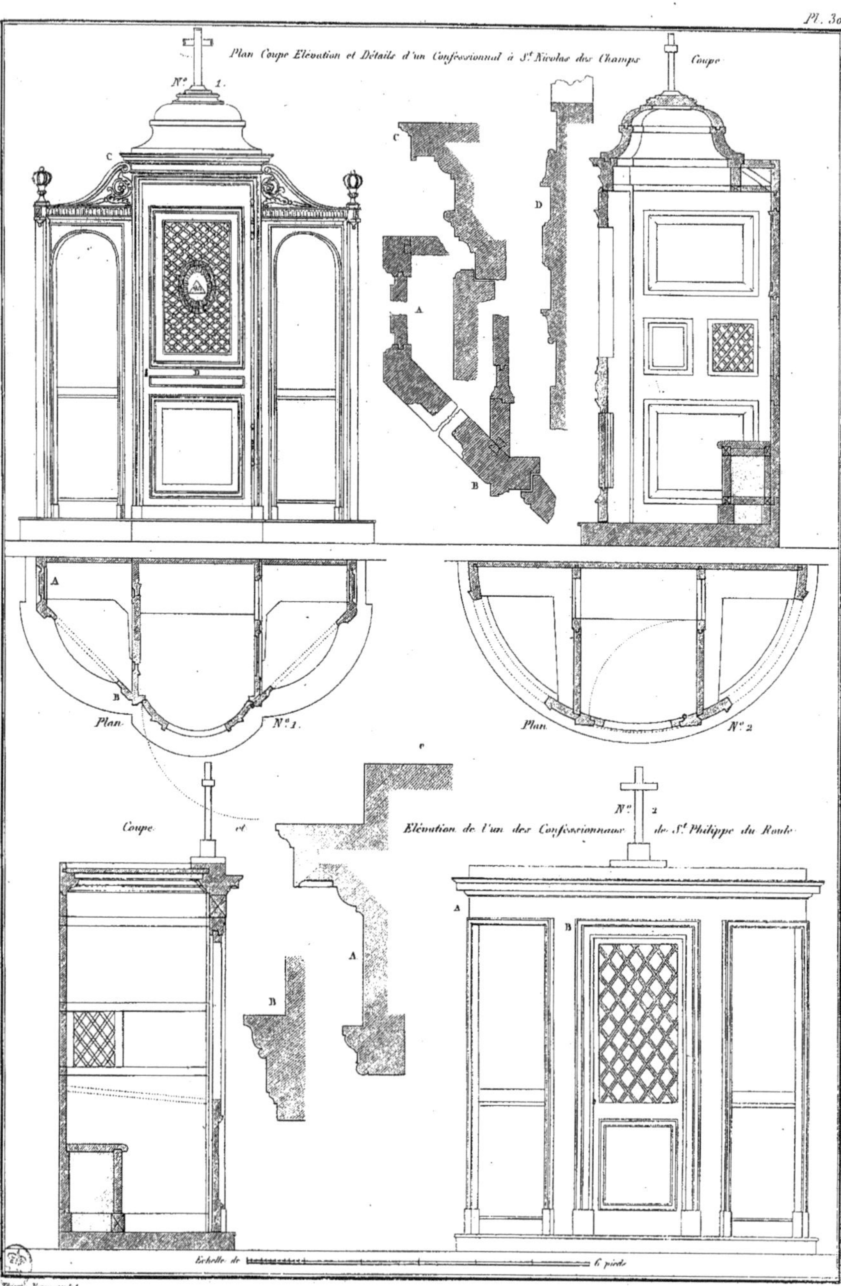

Thierry Frères sculp.t

Thierry et Normand sculp.ᵗ

Publié par Bance aîné, à Paris

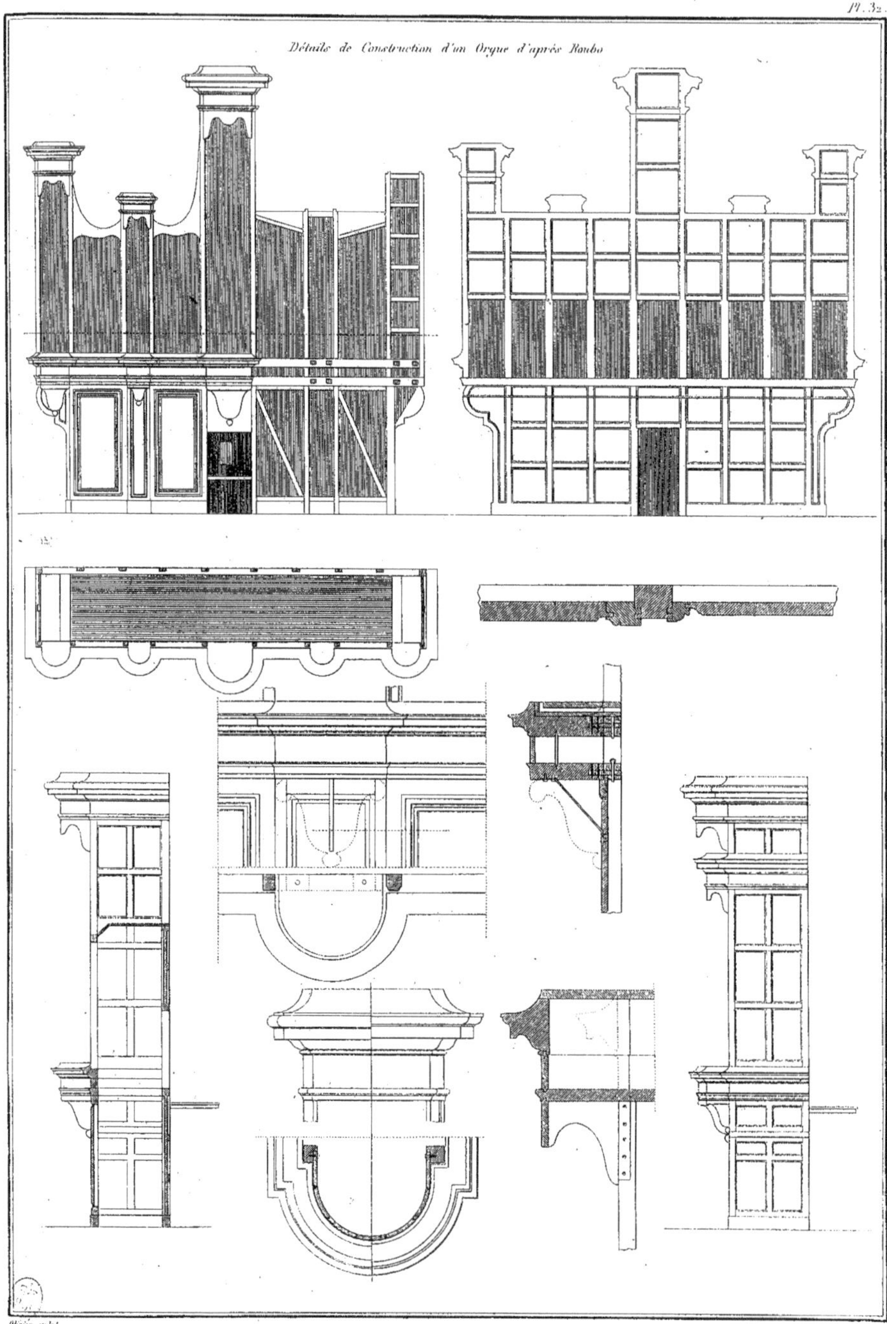
Détails de Construction d'un Orgue d'après Roubo

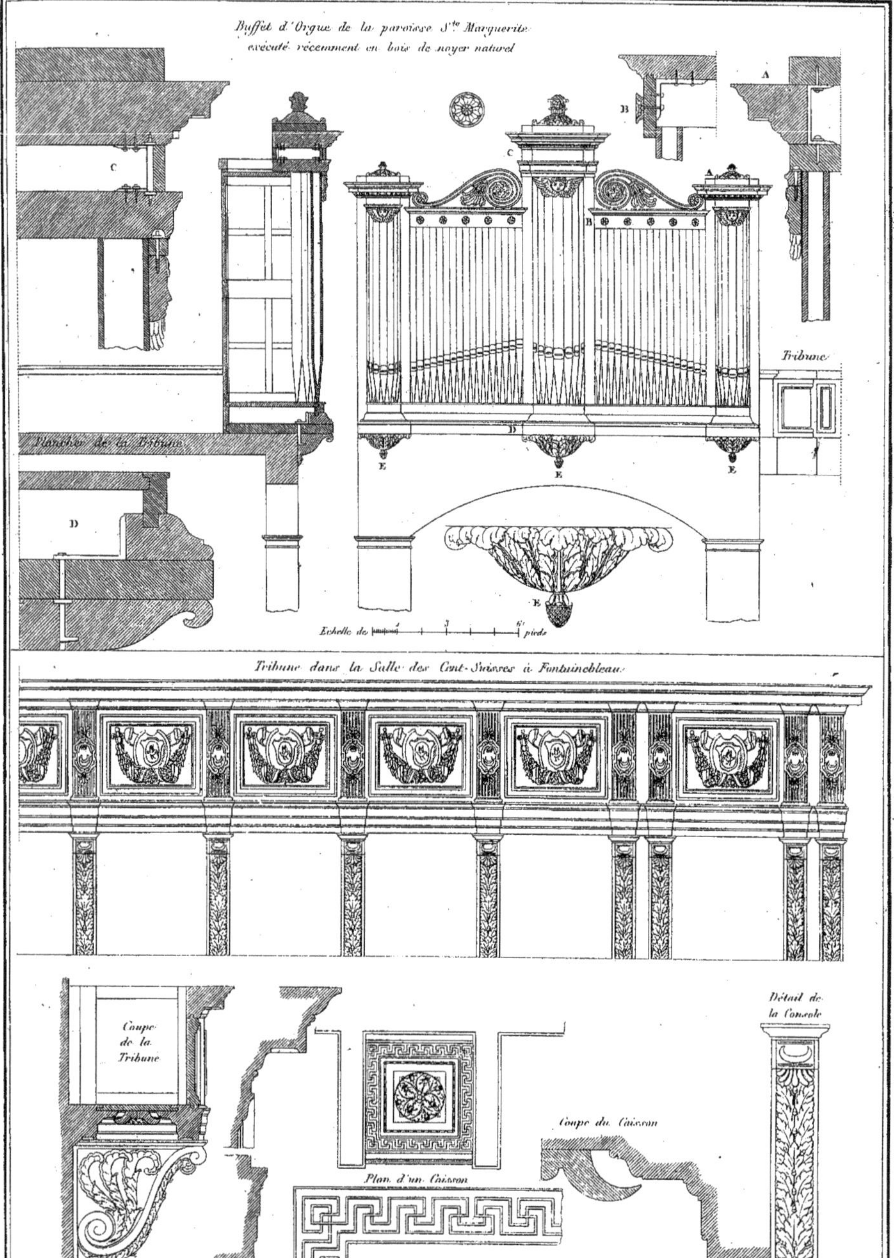
Buffet d'Orgue de la paroisse Ste Marguerite
exécuté récemment en bois de noyer naturel
A
B
C
D
E
Tribune
Planchet de la Tribune
Echelle de ... 6 pieds
Tribune dans la Salle des Cent-Suisses à Fontainebleau
Coupe de la Tribune
Plan d'un Caisson
Coupe du Caisson
Détail de la Console
Olivier sculp.t

Corniche et Plafond dans plusieurs chambres de la Villa Médicis à Rome.
PERRAULT
SCAMOZ
Partie du Plafond d'une galerie servant de Bureau à un Architecte.
SCALD·S
B·PERUZZI·S
M·A·BUONAROTI
A·PALLADIO
G6·VIGNOLA
J·BULLANT
J·DEBROSS
ANDROUET·DU·C
PH·DELORME
P·L'ESCOT
NE·1481·M·1536
NE·1474·M·1568
NE·1518·M·1580
NE·1507·M·157
NE·1582·M
NE·1560·M·1601
NE·1565·M·1577
NE·1500·M·1570
NE·1511·M·155
x milieu
Echelle de   1   2   3   4 pieds
Olivier Sculp.t

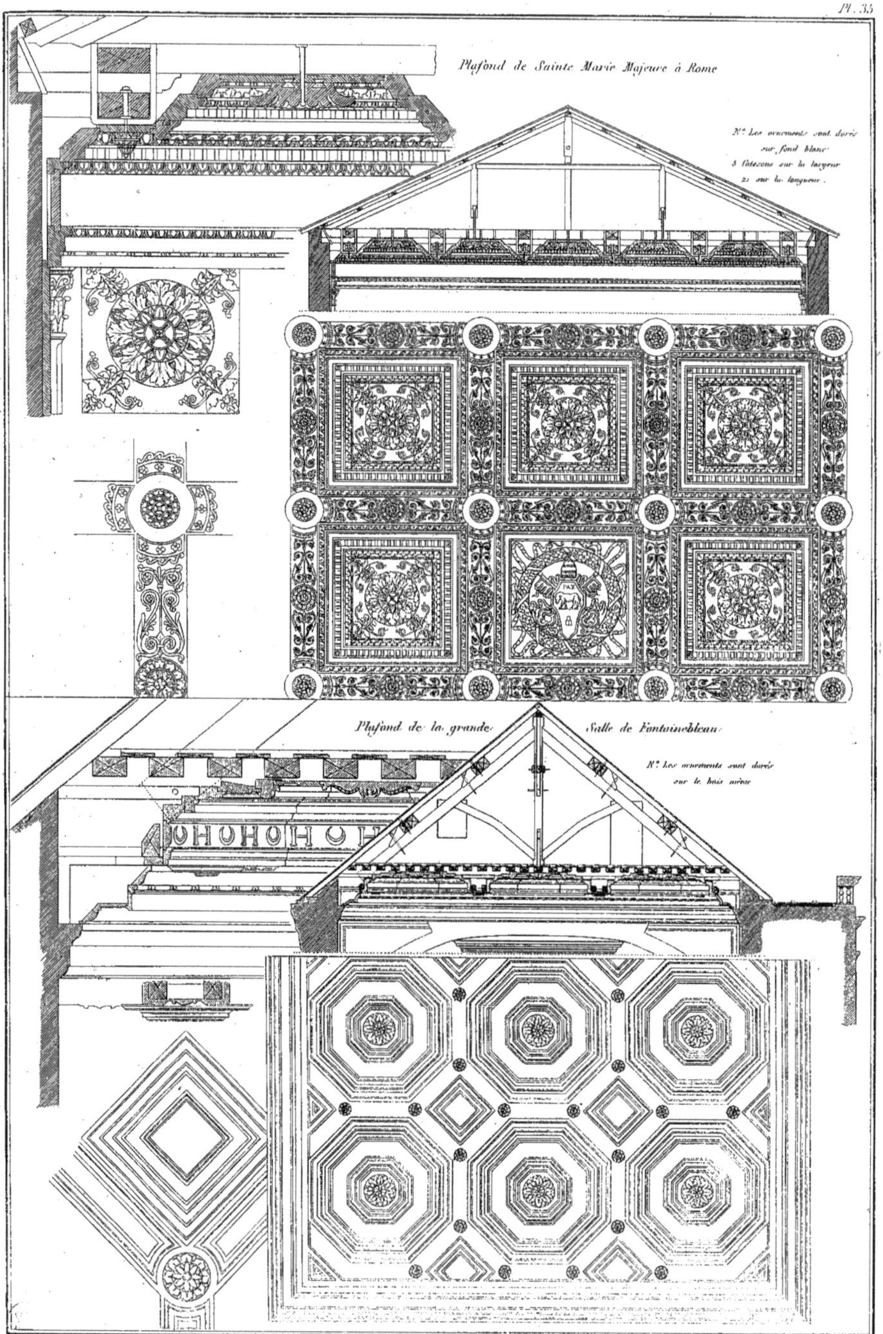

Plafond de Sainte Marie Majeure à Rome
N.ᵃ Les ornements sont dorés
sur fond blanc.
5 Câtesons sur la largeur
21 sur la longueur.
Plafond de la grande Salle de Fontainebleau
N.ᵃ Les ornements sont dorés
sur le bois même
Olivier sculp.ᵗ

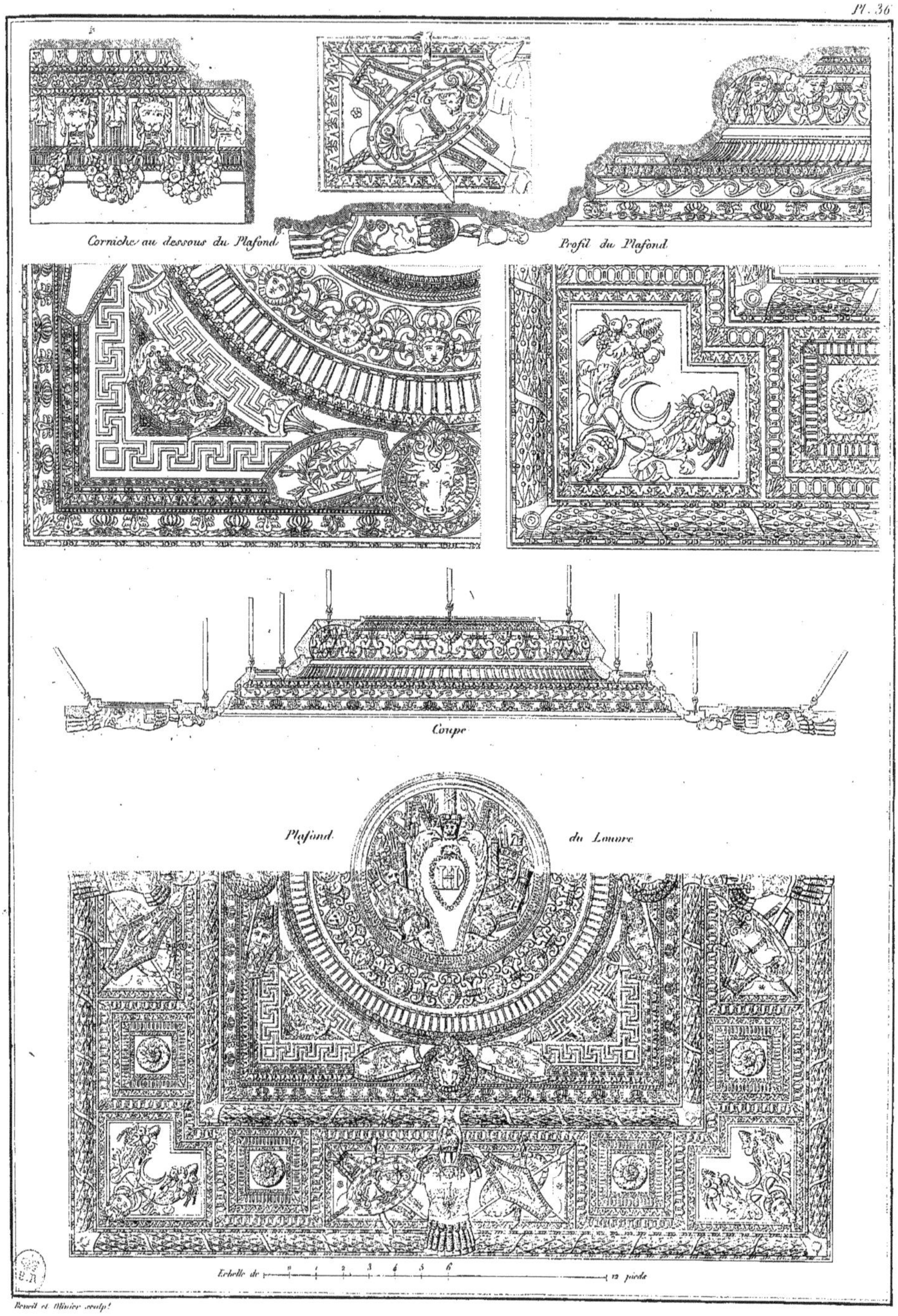
Corniche au dessous du Plafond
Profil du Plafond
Coupe
Plafond du Louvre
Echelle de 0 1 2 3 4 5 6 12 pieds

Benoit et Olivier sculp.

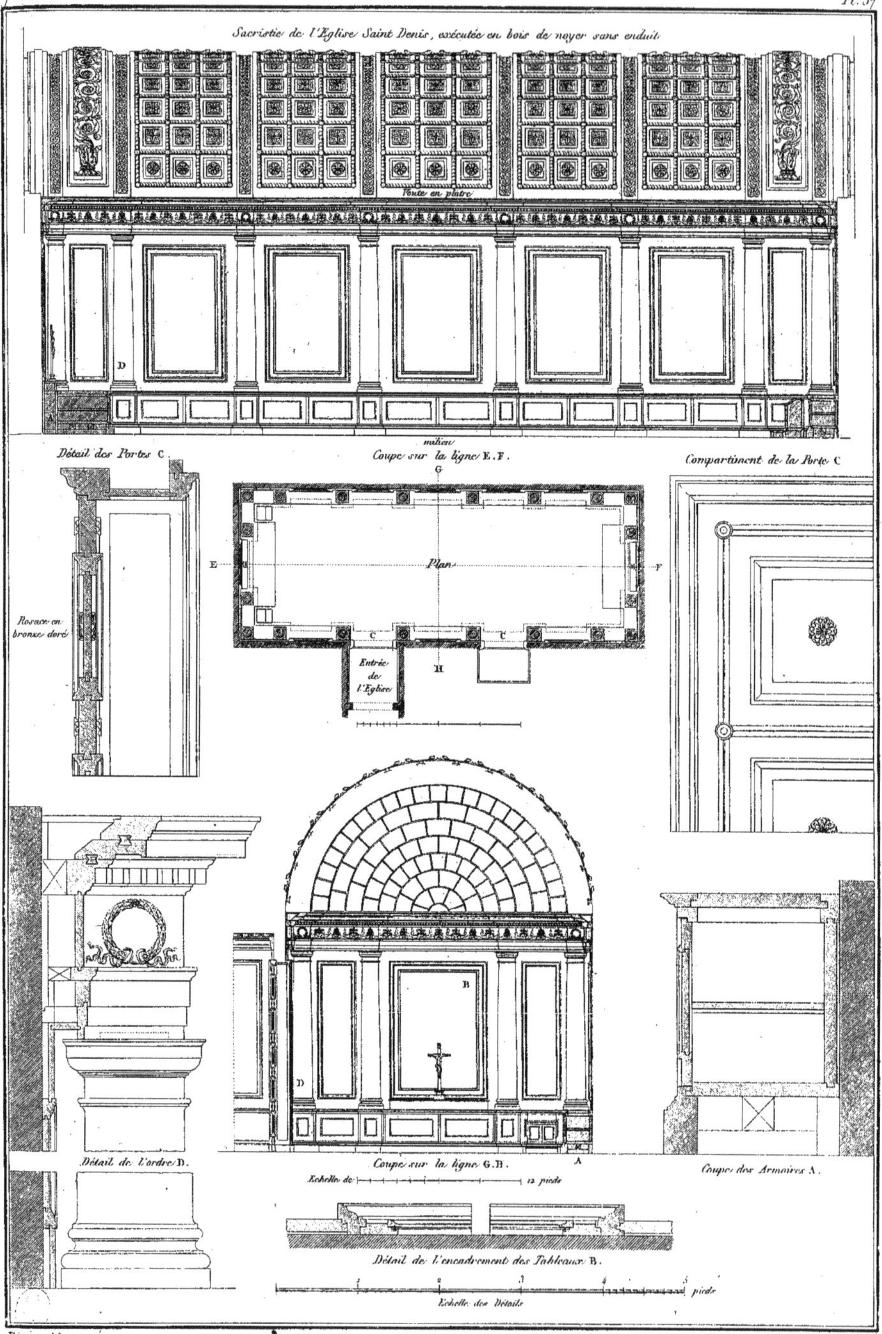
Sacristie de l'Eglise Saint Denis, exécutée en bois de noyer sans enduit
Voute en platre
D
A
milieu
Détail des Portes C.
Coupe sur la ligne E.F.
G
Compartiment de la Porte C.
Rosace en bronze doré
E
Plan
F
C
C
Entrée
de
l'Eglise
H
Détail de L'ordre D.
Coupe sur la ligne G.H.
A
Coupe des Armoires A.
B
D
Echelle de
12 pieds
Détail de l'encadrement des Tableaux B.
1
2
3
4
5 pieds
Echelle des Détails

Petit Baldaquin   à S.ᵗ Sulpice

Au Maître-Autel de S.ᵗᵉ Geneviève

A l'Autel de la Patronne de Paris, à S.ᵗᵉ Geneviève

Chasse

à l'Autel du fond
à Saint Eustache

TABERNACLES ET   BALDAQUINS

à S.ᵗ Étienne du Mont

à Saint Eustache

Petit Baldaquin.   à S.ᵗ Eustache.

Echelle de ⎯⎯⎯⎯⎯⎯ 9 pouces

N.ᵃ Les Baldaquins sont en bois doré avec
des ornements en cuivre.

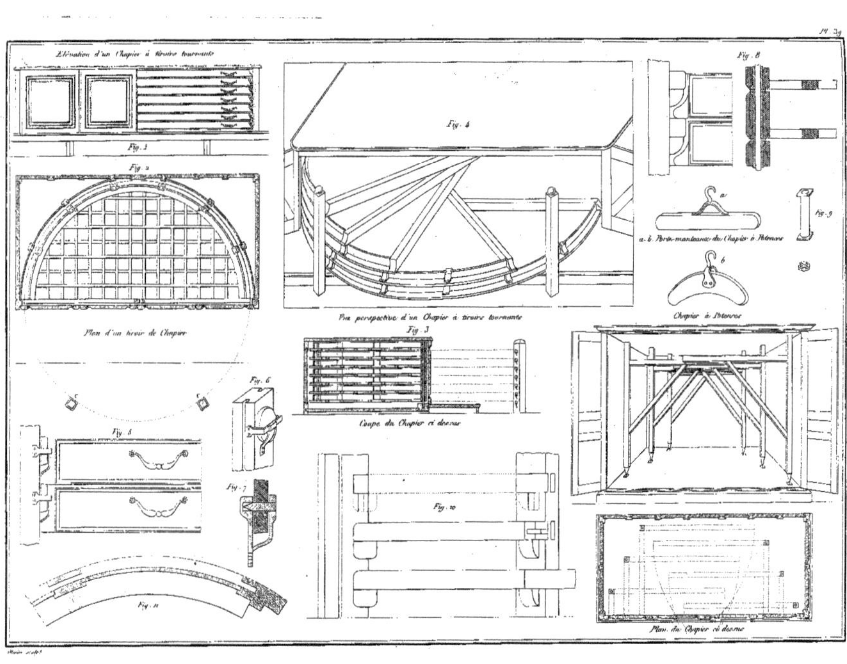

Elévation d'un Chapier à tiroire tournante
Fig. 1
Fig. 2
Plan d'un tiroir de Chapier
Fig. 4
Vue perspective d'un Chapier à tiroire tournante
Fig. 3
Fig. 8
a. b. Porte-manteaux du Chapier à Potence
Fig. 9
Chapier à Potence
Fig. 5
Fig. 6
Fig. 7
Coupe du Chapier ci-dessus
Fig. 10
Fig. 11
Plan du Chapier ci-dessus

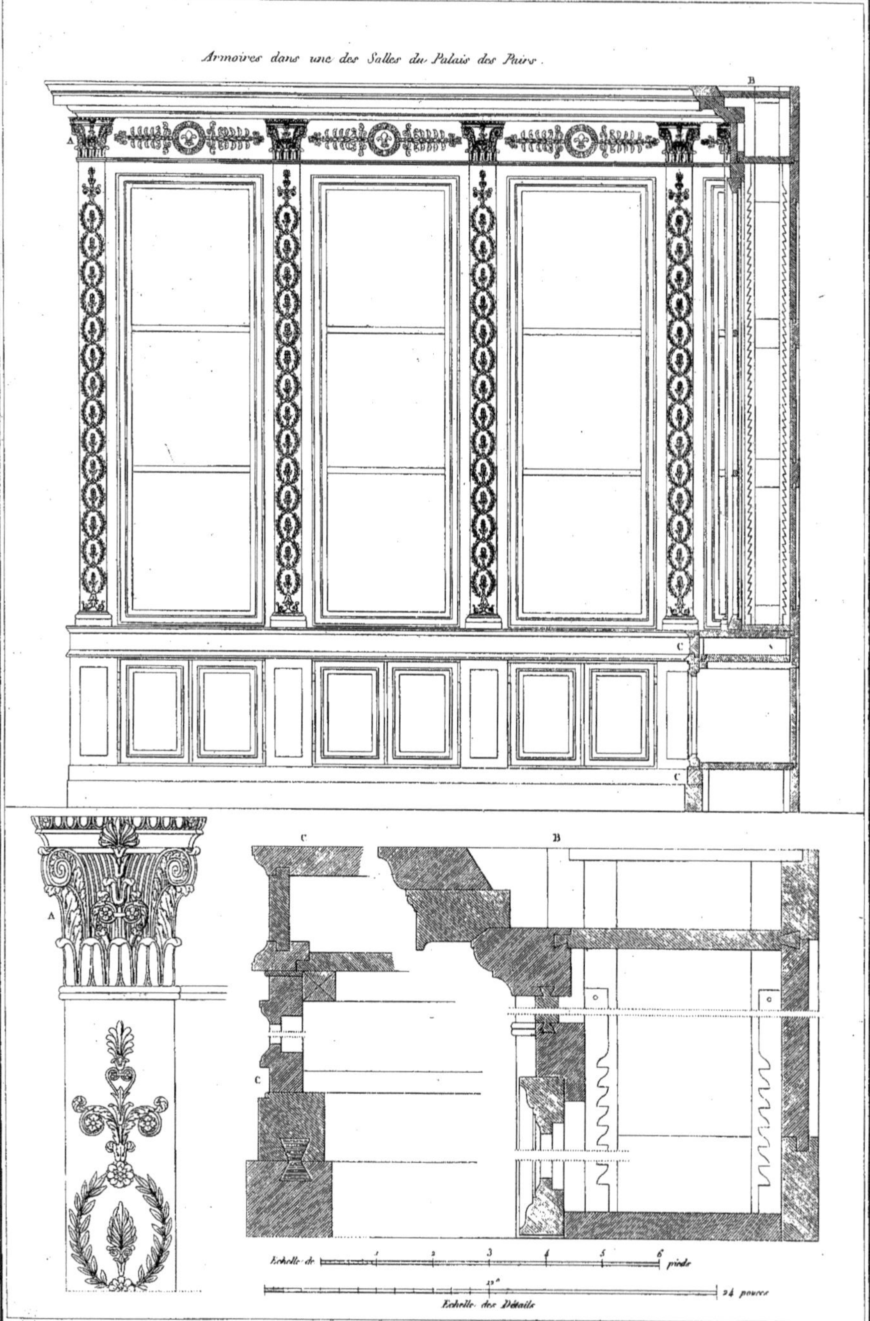
Armoires dans une des Salles du Palais des Pairs.
A
B
C
C
A
C
C
B
Echelle de
1 2 3 4 5 6 pieds
Echelle des Détails
24 pouces

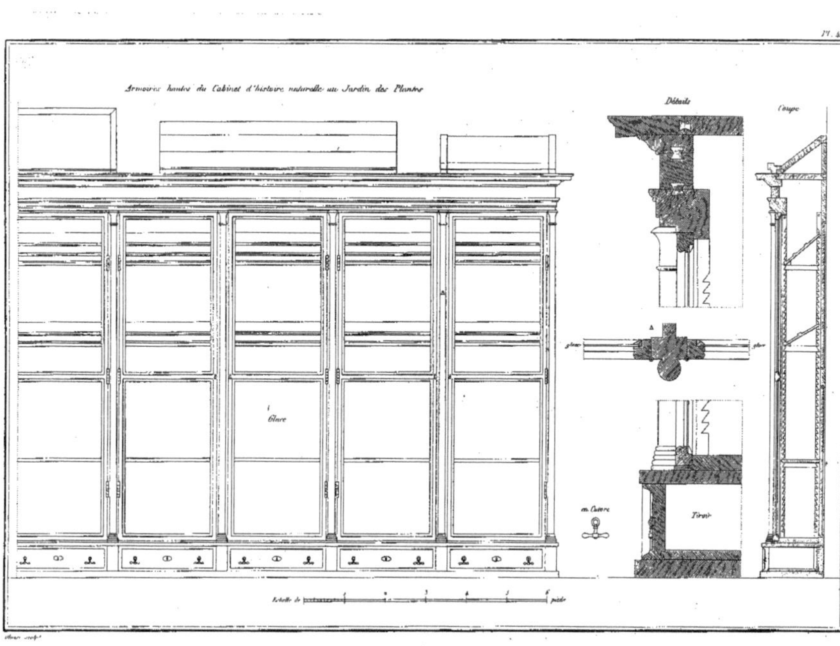
Armoires hautes du Cabinet d'histoire naturelle au Jardin des Plantes
Détails
Coupe
Glace
Tiroir
Échelle de

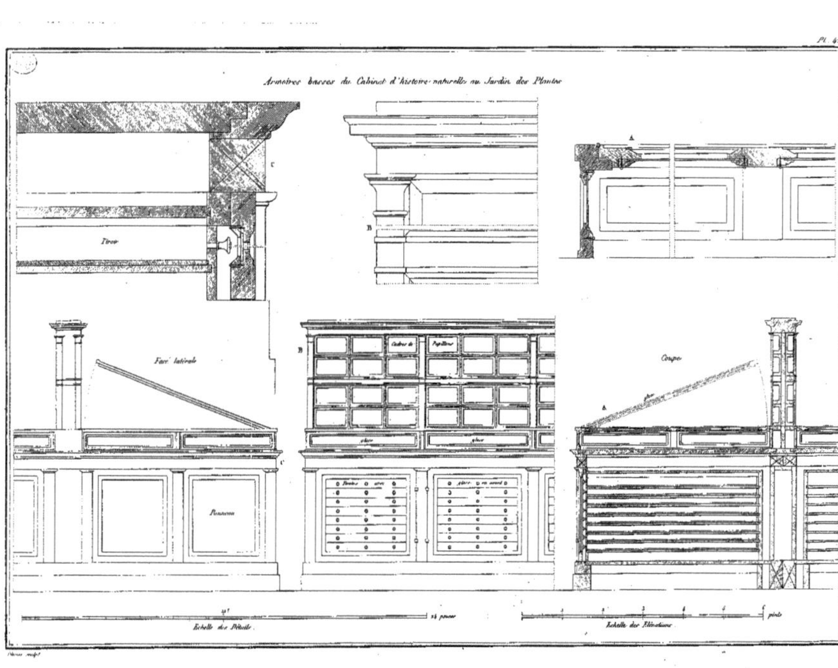

Armoires basses du Cabinet d'histoire naturelle au Jardin des Plantes
Pièce
Face latérale
Panneau
Coupe
Cadres de Papillons
Echelle des Détails
Echelle des Elévations

MENUISERIE.

Elévation de l'une des travées de la Bibliothèque Sainte Geneviève à Paris
Coupe des armoires
Coupe des Fenêtres
Détail du Plan des fenêtres
Plan de la S.te Geneviève
Bibliothèque à Paris
pour la générale
disposition des armoires
Détails
Echelle de
Toises
Echelle de
pieds
Thierry sculp.t
Publié par Bance ainé à Paris.

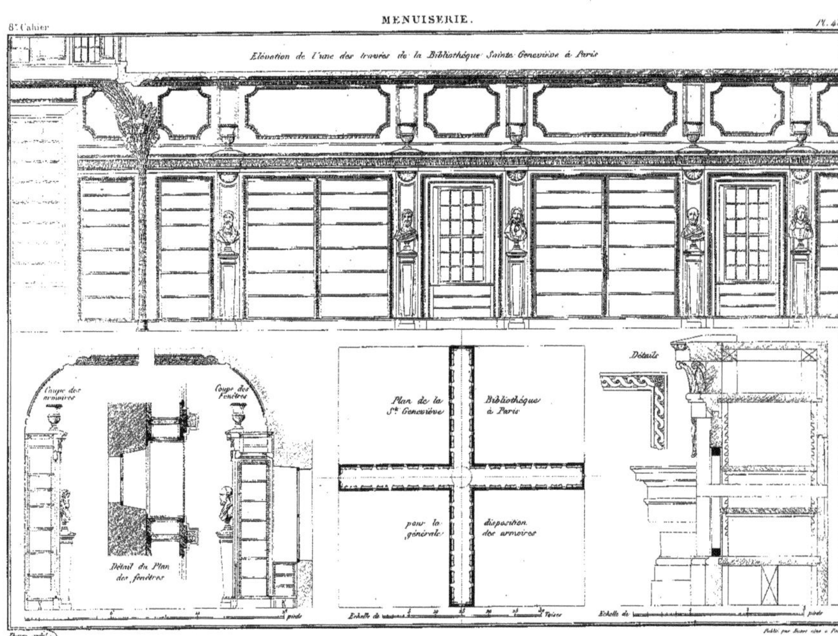

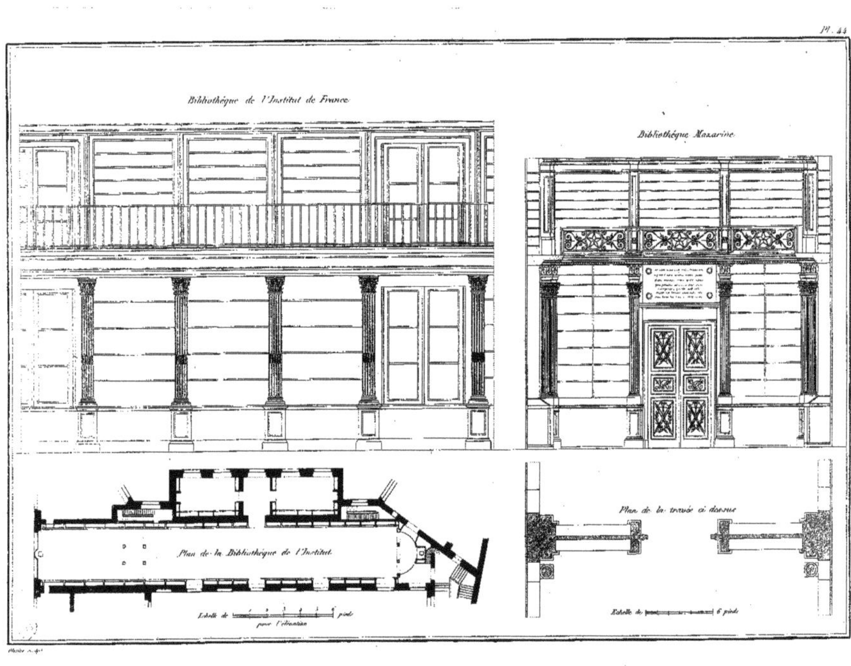
Bibliothèque de l'Institut de France
Bibliothèque Mazarine
Plan de la Bibliothèque de l'Institut
Plan de la travée ci dessus
Echelle de ... pieds
pour l'élévation
Echelle de ... pieds

Salle à Manger arrangée d'après Roubo
Glace
Gradins
Buffet
Fontaine à l'eau froide
sans Poêle au dessous
Fontaine à l'eau chaude
avec Poêle au dessous
Echelle de
2   3   4   5   6 pieds

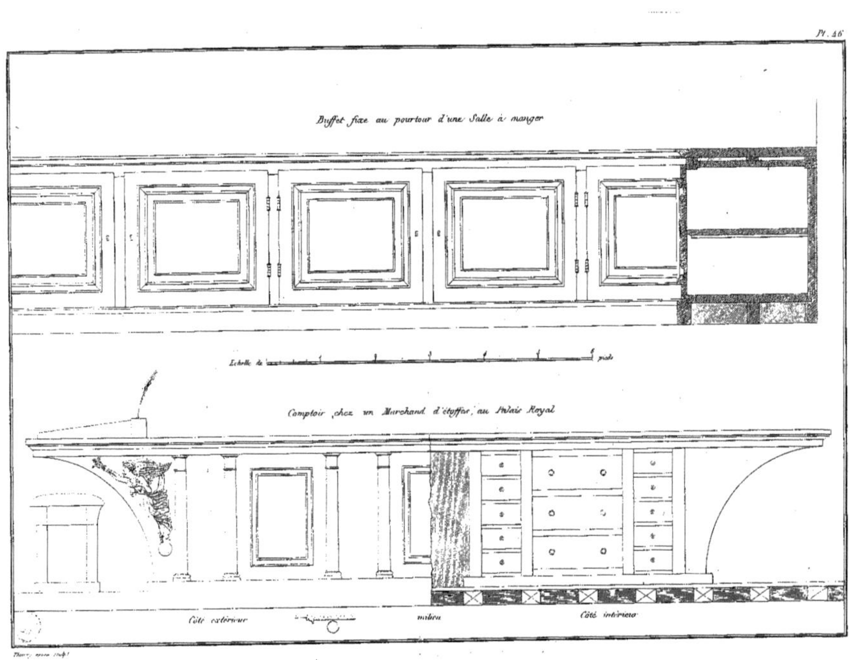

Buffet fixe au pourtour d'une Salle à manger
Echelle de pieds
Comptoir chez un Marchand d'étoffes, au Palais Royal
Côté extérieur
milieu
Côté intérieur

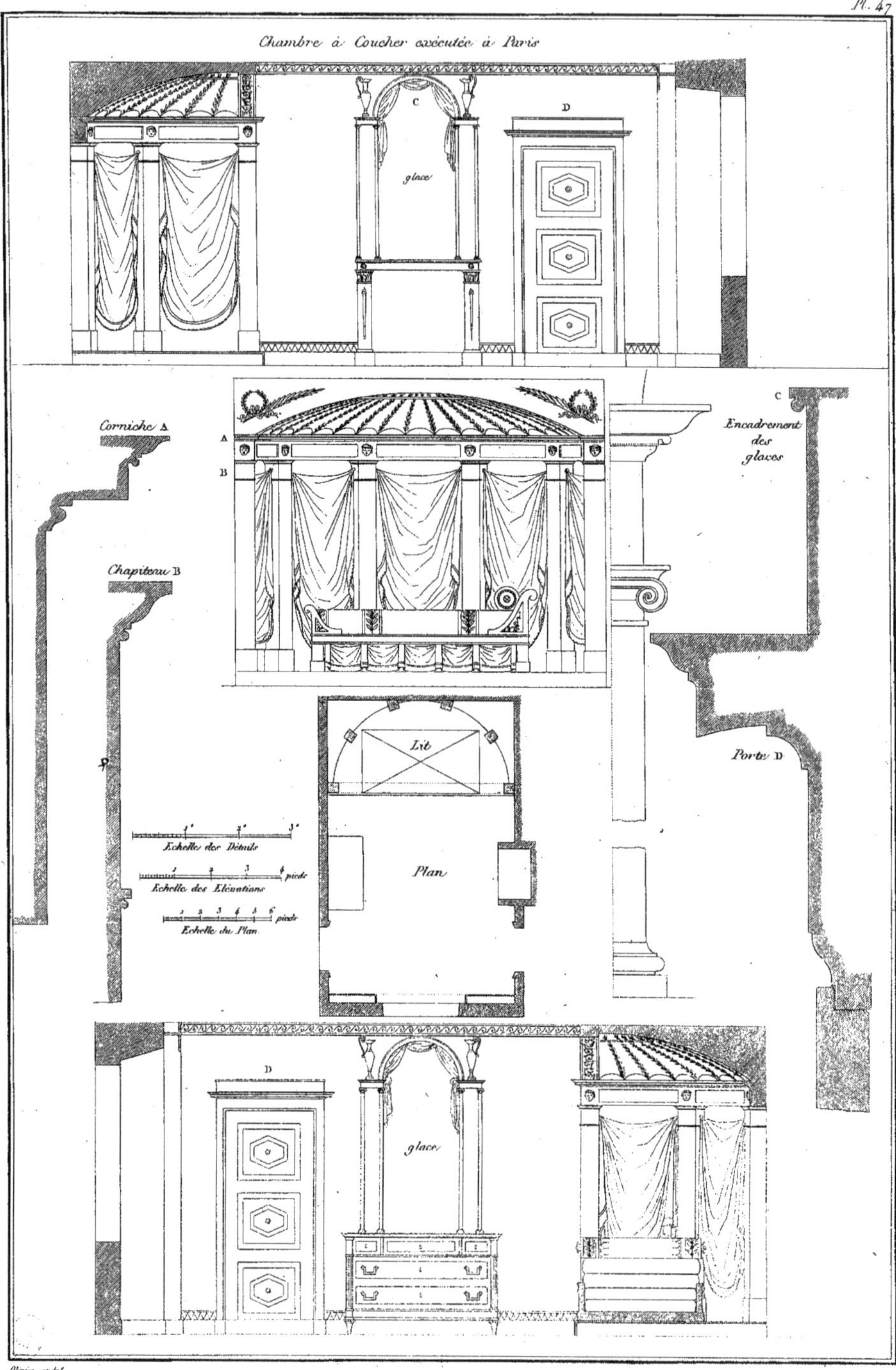

Chambre à Coucher exécutée à Paris
C
glace
D
Corniche A
Chapiteau B
Encadrement
des
glaces
Porte D
A
B
C
Lit
Echelle des Détails
Echelle des Élévations
pieds
Echelle du Plan
pieds
Plan
D
glace
Olivier sculp.

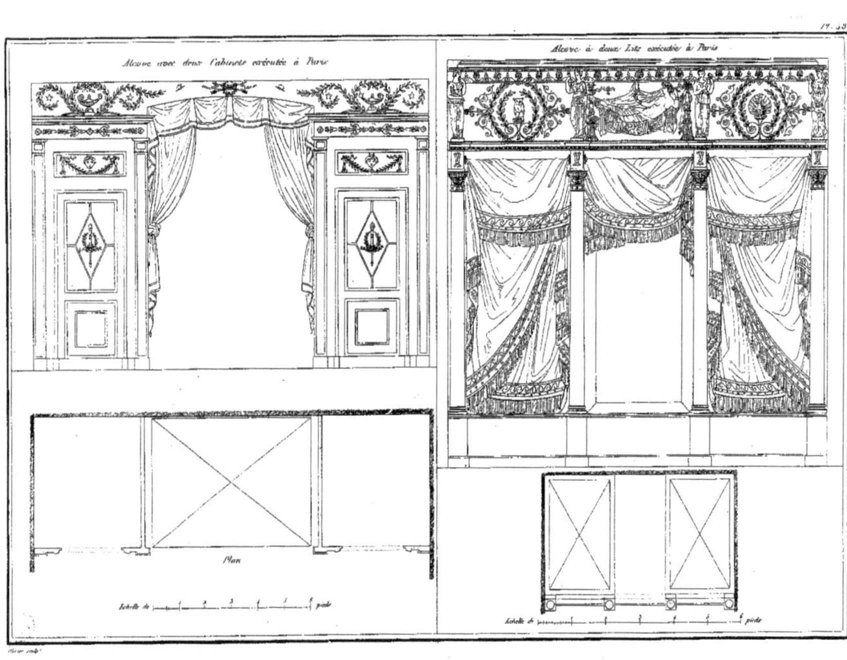
Alcove avec deux Cabinets exécutée à Paris
Alcove à deux Lits exécutée à Paris
Plan
Echelle de pieds
Echelle de pieds

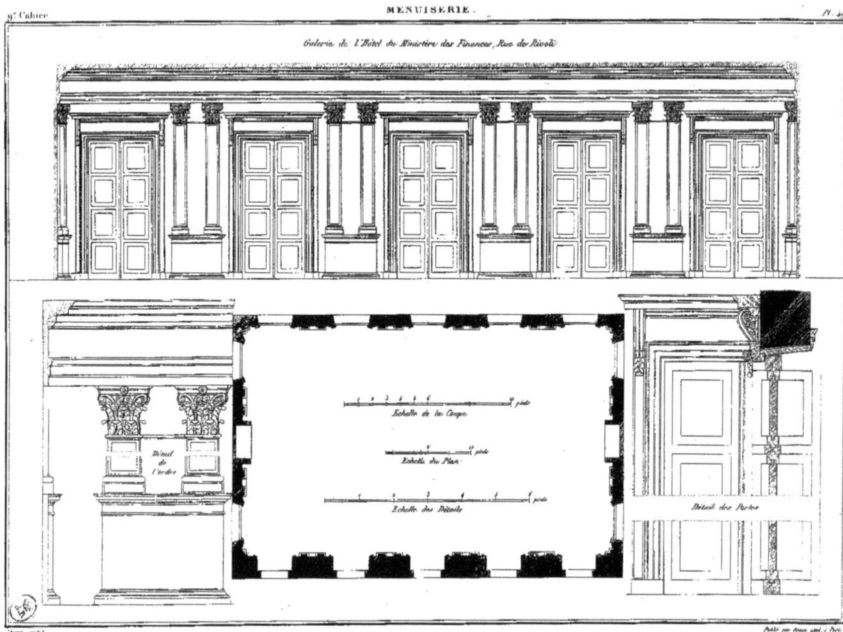

Galerie de l'Hôtel du Ministère des Finances, Rue de Rivoli
Détail de l'ordre
Echelle de la Coupe
Echelle du Plan
Echelle des Détails
Détail des Portes

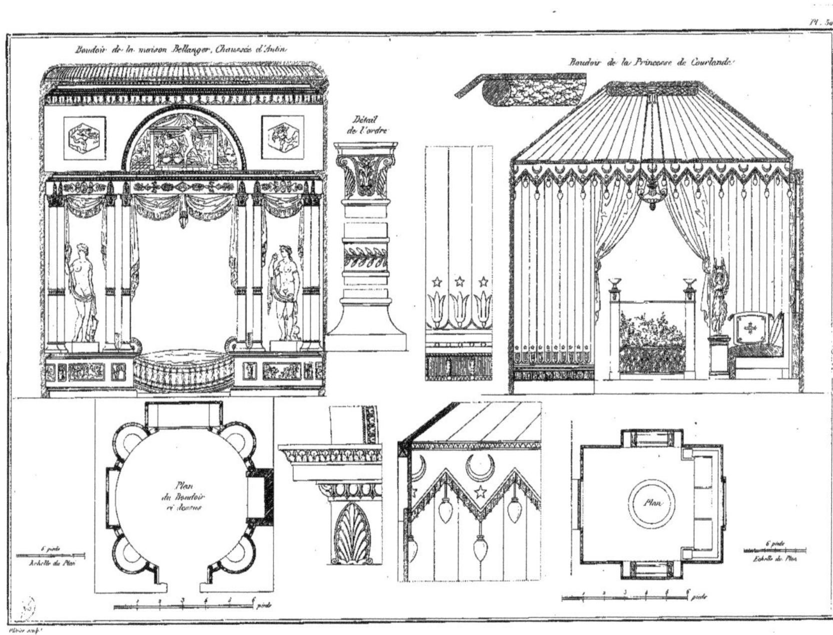

Boudoir de la maison Bellanger, Chaussée d'Antin.
Boudoir de la Princesse de Courlande.
Détail de l'ordre
Plan du Boudoir ci dessus
6 pieds
Echelle du Plan
Plan
6 pieds
Echelle du Plan

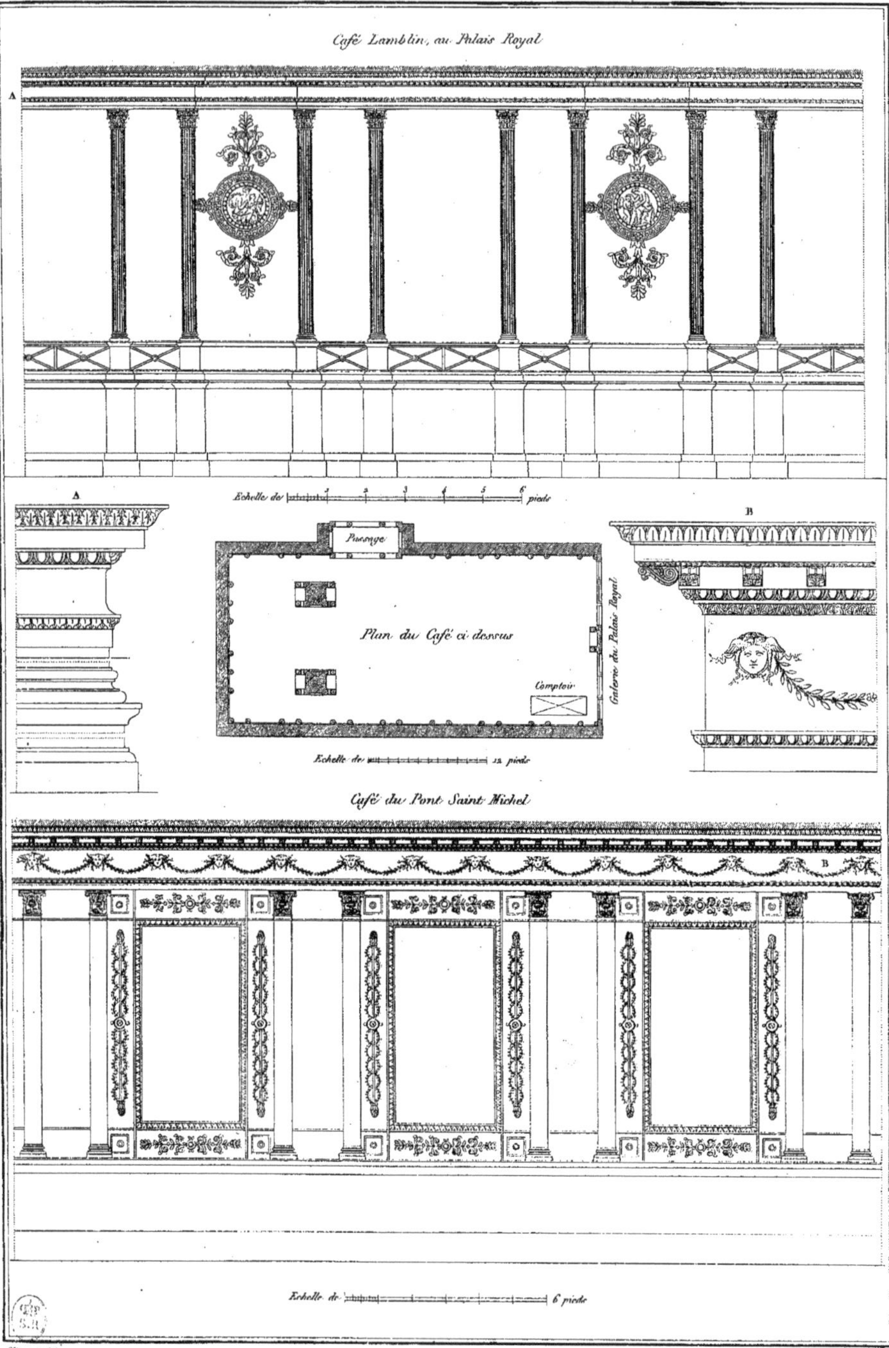

Café Lamblin, au Palais Royal
A
Echelle de 1 2 3 4 5 6 pieds
A
B
Passage
Plan du Café ci dessus
Comptoir
Galerie du Palais Royal
Echelle de 12 pieds
Café du Pont Saint Michel
B
Echelle de 6 pieds

Café Place des Victoires
Echelle de 1 2 3 4 5 6 pieds
Plan du Café ci dessous
A
B
Echelle de 3 6 9 12 15 18 pieds
Décoration d'un Café, Rue du Coq
Echelle de 1 2 3 4 5 6 pieds

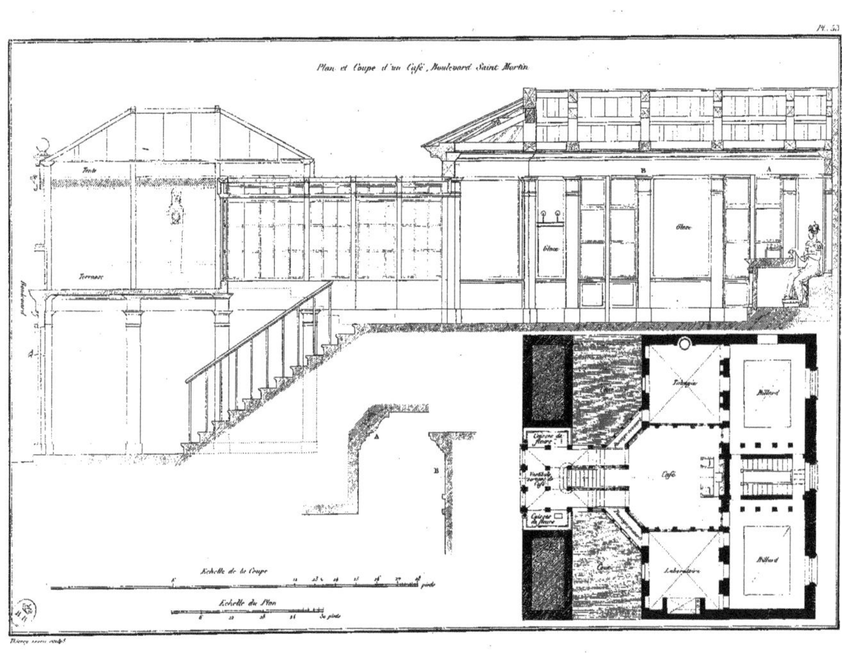

Pl. 53
Plan et Coupe d'un Café, Boulevard Saint Martin
Fente
Terrasse
Boulevard
Glace
Glace
Billard
Billard
Café
Laboratoire
Échelle de la Coupe
pieds
Échelle du Plan
pieds

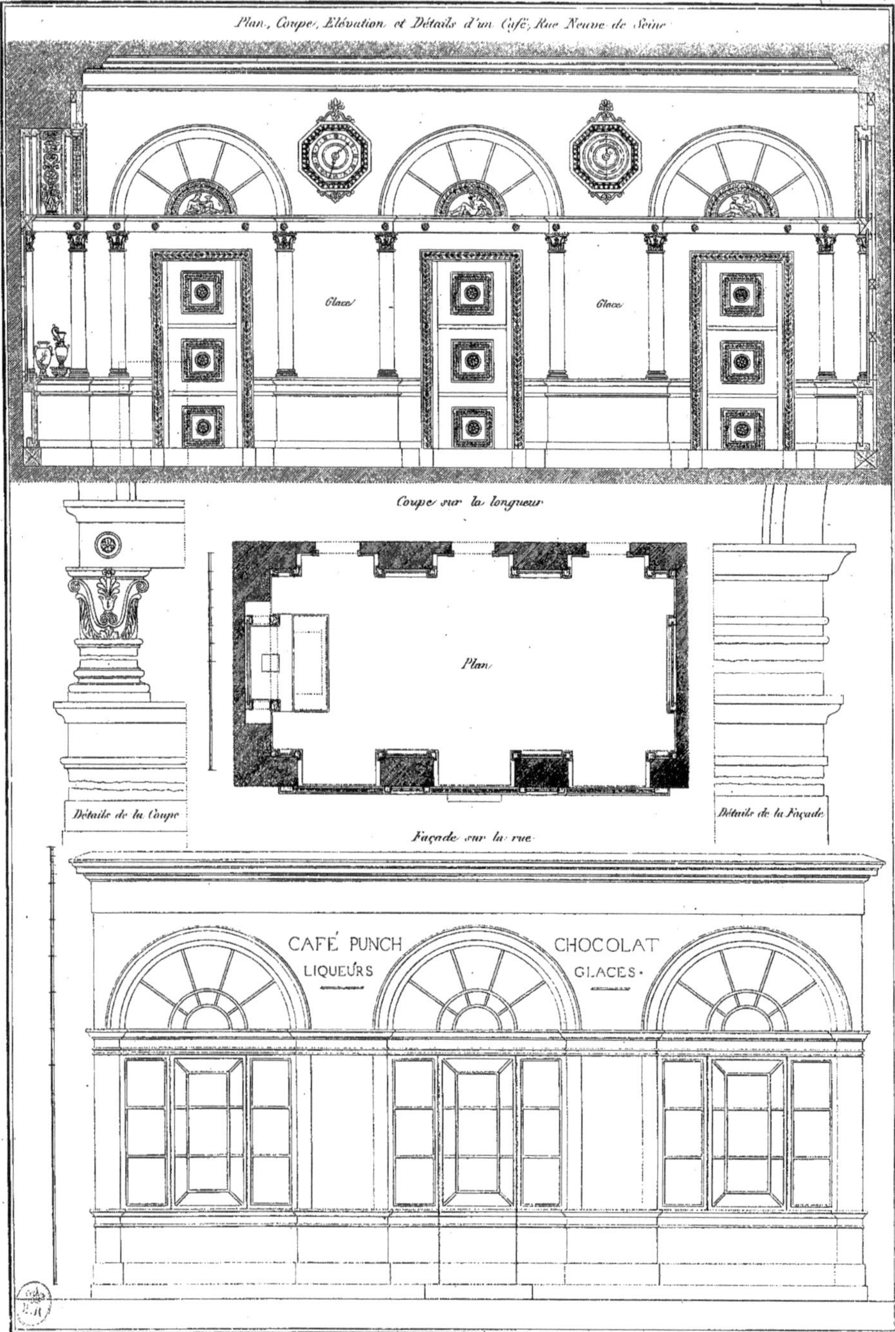
Plan, Coupe, Élévation et Détails d'un Café, Rue Neuve de Seine
Glace
Glace
Coupe sur la longueur
Plan
Détails de la Coupe
Détails de la Façade
Façade sur la rue
CAFÉ PUNCH
LIQUEURS
CHOCOLAT
GLACES
Thierry sculp.t

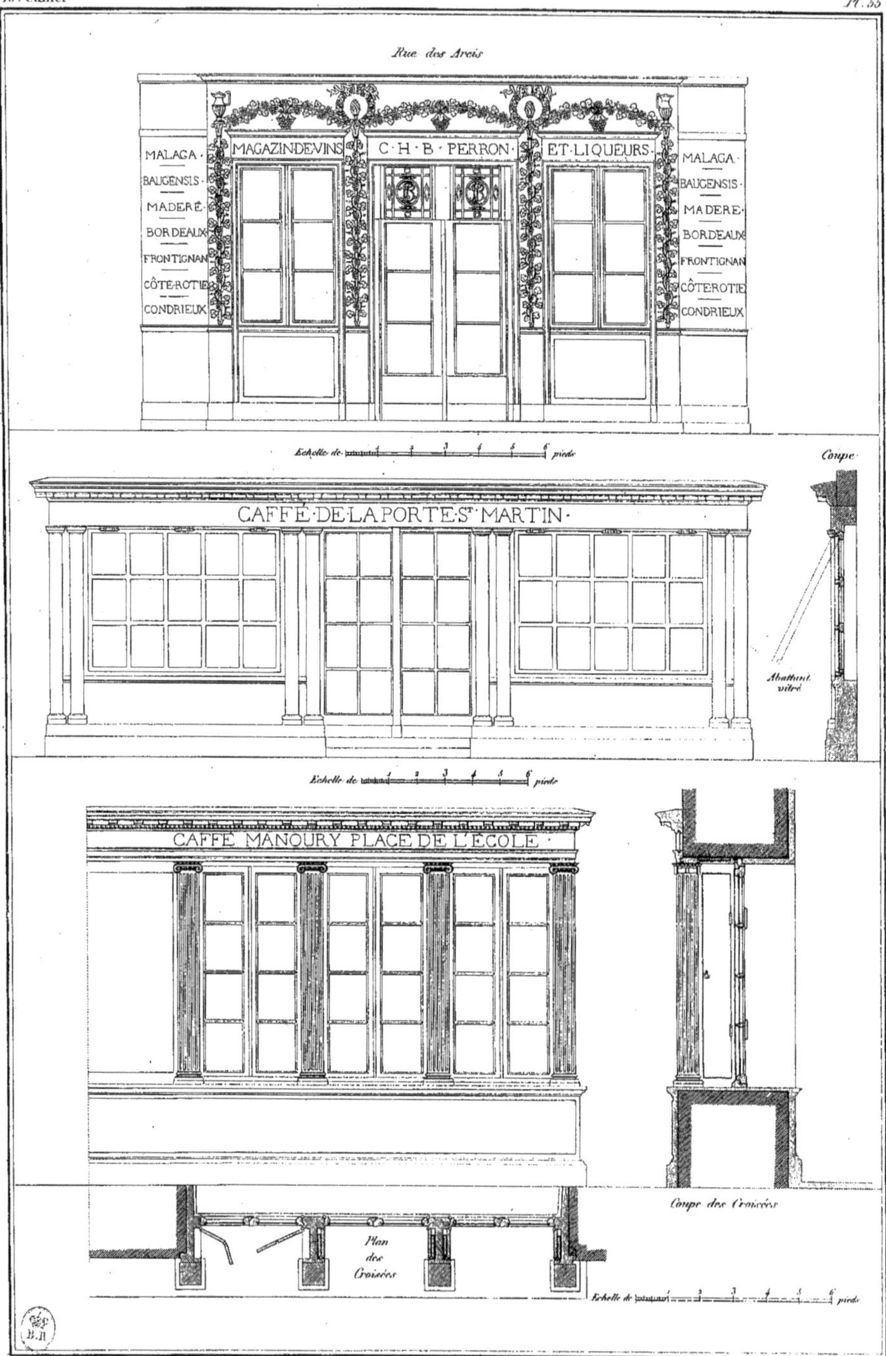

Rue des Arcis
MALAGA · MAGAZIN DE VINS · C · H · B · PERRON · ET · LIQUEURS · MALAGA ·
BAUGENSIS · BAUGENSIS ·
MADERÉ · MADERE ·
BORDEAUX · BORDEAUX ·
FRONTIGNAN FRONTIGNAN
CÔTE-ROTIE CÔTEROTIE
CONDRIEUX CONDRIEUX
Echelle de   1   2   3   4   5   6   pieds
Coupe.
CAFFÉ DE LA PORTE St MARTIN ·
Abattant vitré
Echelle de   1   2   3   4   5   6   pieds
CAFFÉ MANOURY PLACE DE L'ECOLE ·
Coupe des Croisées
Plan des Croisées
Echelle de   1   2   3   4   5   6   pieds

Rue St. Louis au Marais
TERRE DE PIPE CARREAUX VERNISSES CRISTAUX POTERIES
FAYENCE
TERRE DE PIPE CARREAUX VERNISSES CRISTAUX POTERIES
Echelle de pieds

Boulevard Saint Antoine
MAGAZIN · ET · ATTELIER · DE · MARBRERIE · DE · FRANÇOIS · JA
glace
glace
glace
glace
glace
glace
Marche en pierre
Echelle de pieds

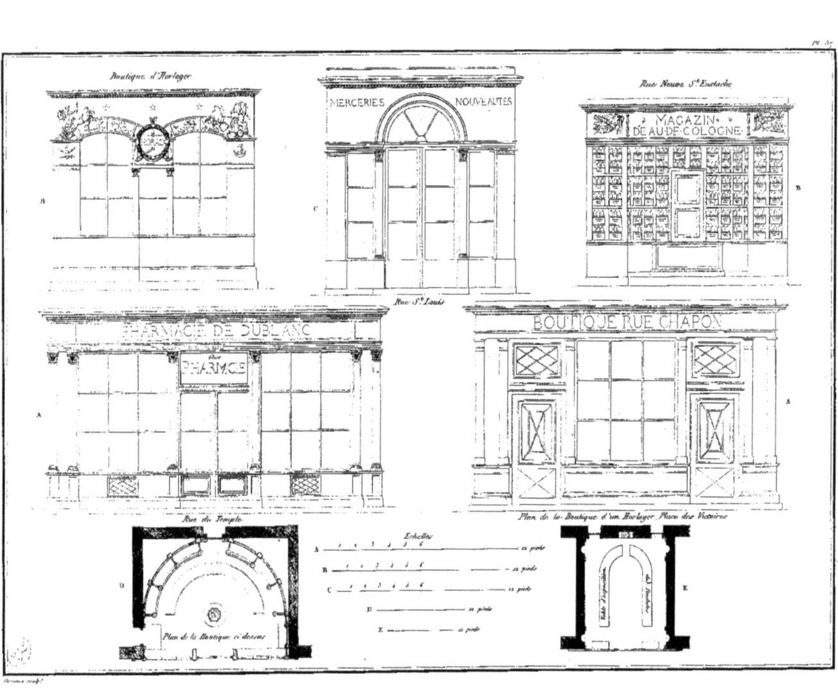
Boutique d'Horloger
MERCERIES
NOUVEAUTES
Rue Neuve St Eustache
MAGAZIN DE AU-DE-COLOGNE
Rue St Louis
PHARMACIE DE DUBLANC
PHARMACIE
BOUTIQUE RUE CHAPON
Rue du Temple
Plan de la Boutique d'un Horloger, Place des Victoires
Echelles
Plan de la Boutique ci dessus
A
B
C
D
E

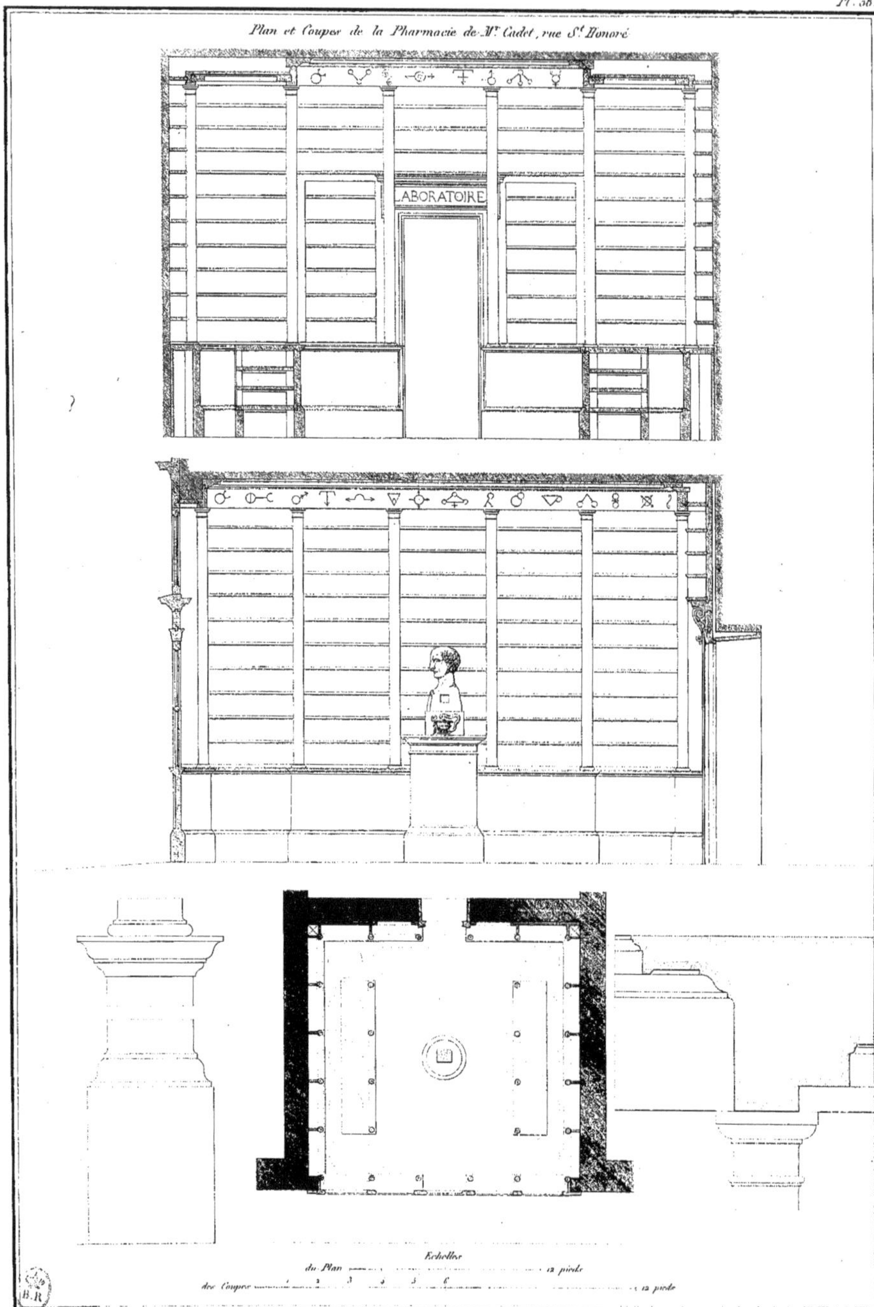
Plan et Coupes de la Pharmacie de Mr. Cadet, rue St. Honoré
LABORATOIRE
Echelles
du Plan .... 12 pieds
des Coupes .... 1 2 3 4 5 6 .... 12 pieds
B.R
Clémence sculp.

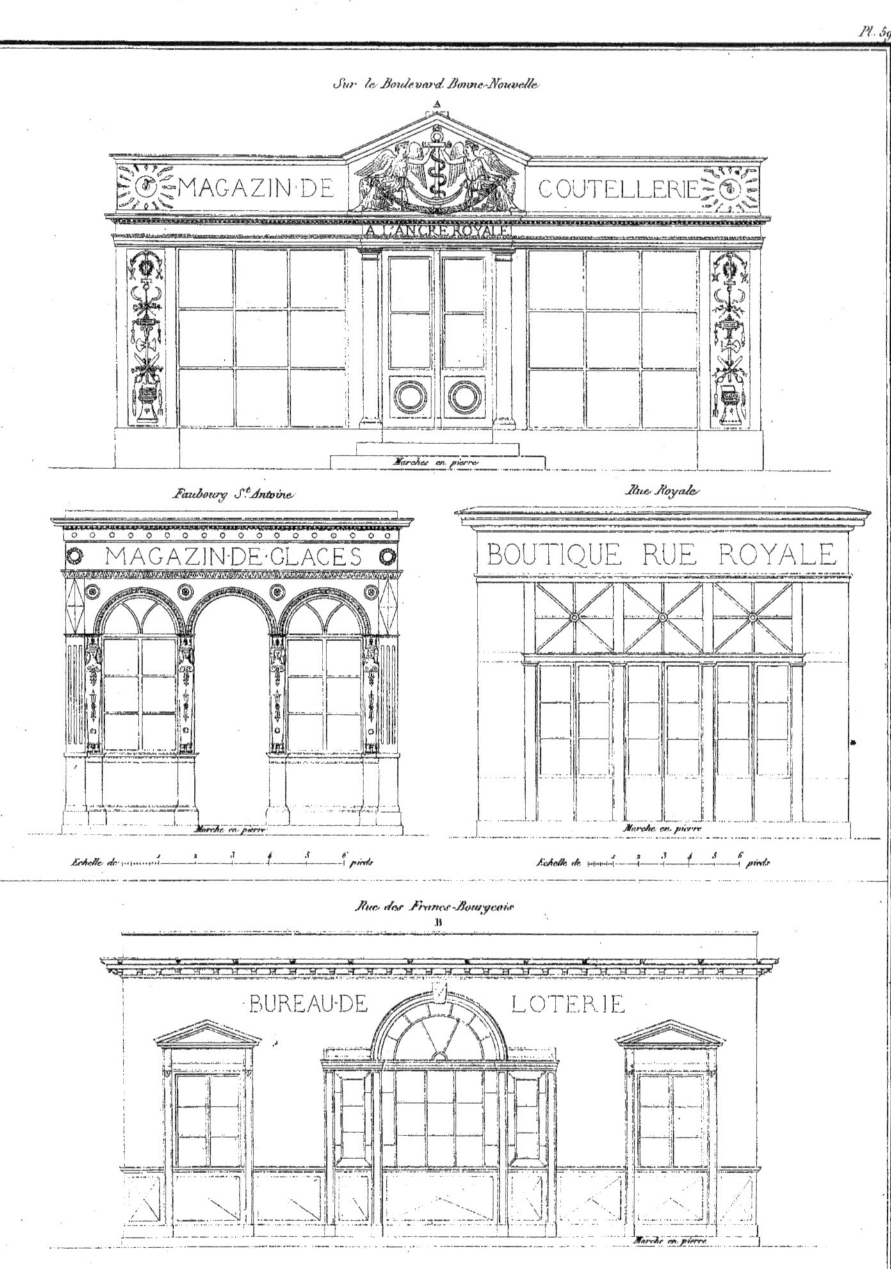
Sur le Boulevard Bonne-Nouvelle
MAGAZIN·DE COUTELLERIE
A L'ANCRE ROYALE
Marches en pierre
Faubourg St Antoine
MAGAZIN·DE·GLACES
Marche en pierre
Echelle de ... 1 2 3 4 5 6 pieds
Rue Royale
BOUTIQUE RUE ROYALE
Marche en pierre
Echelle de ... 1 2 3 4 5 6 pieds
Rue des Francs-Bourgeois
BUREAU·DE LOTERIE
Marche en pierre
Echelle des Elévations A.B.
Echelle de ... 12 pieds

Boutique de l'Armurier
des Princes
Rue de Richelieu
Echelle de 1 2 3 4 5 6 12 pieds

Principes.

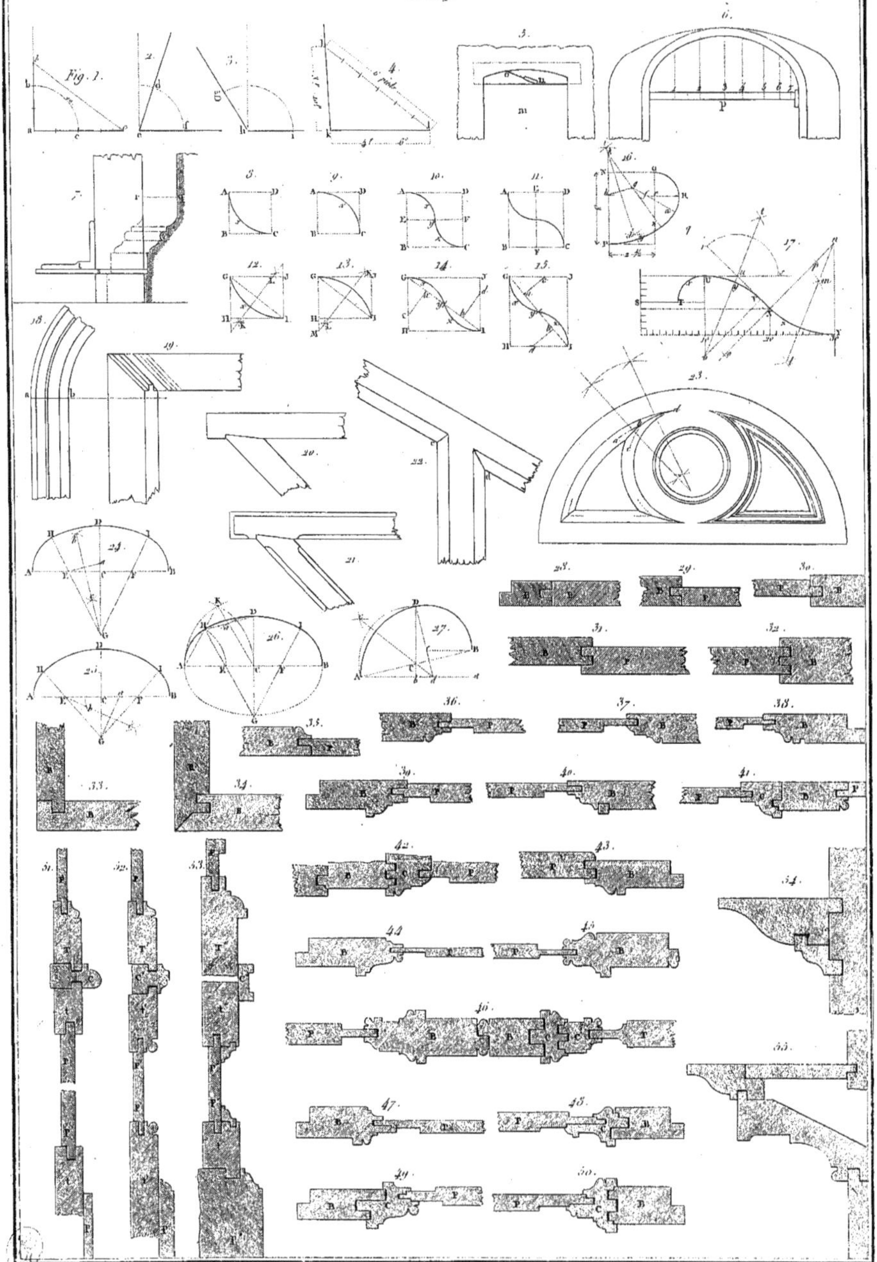

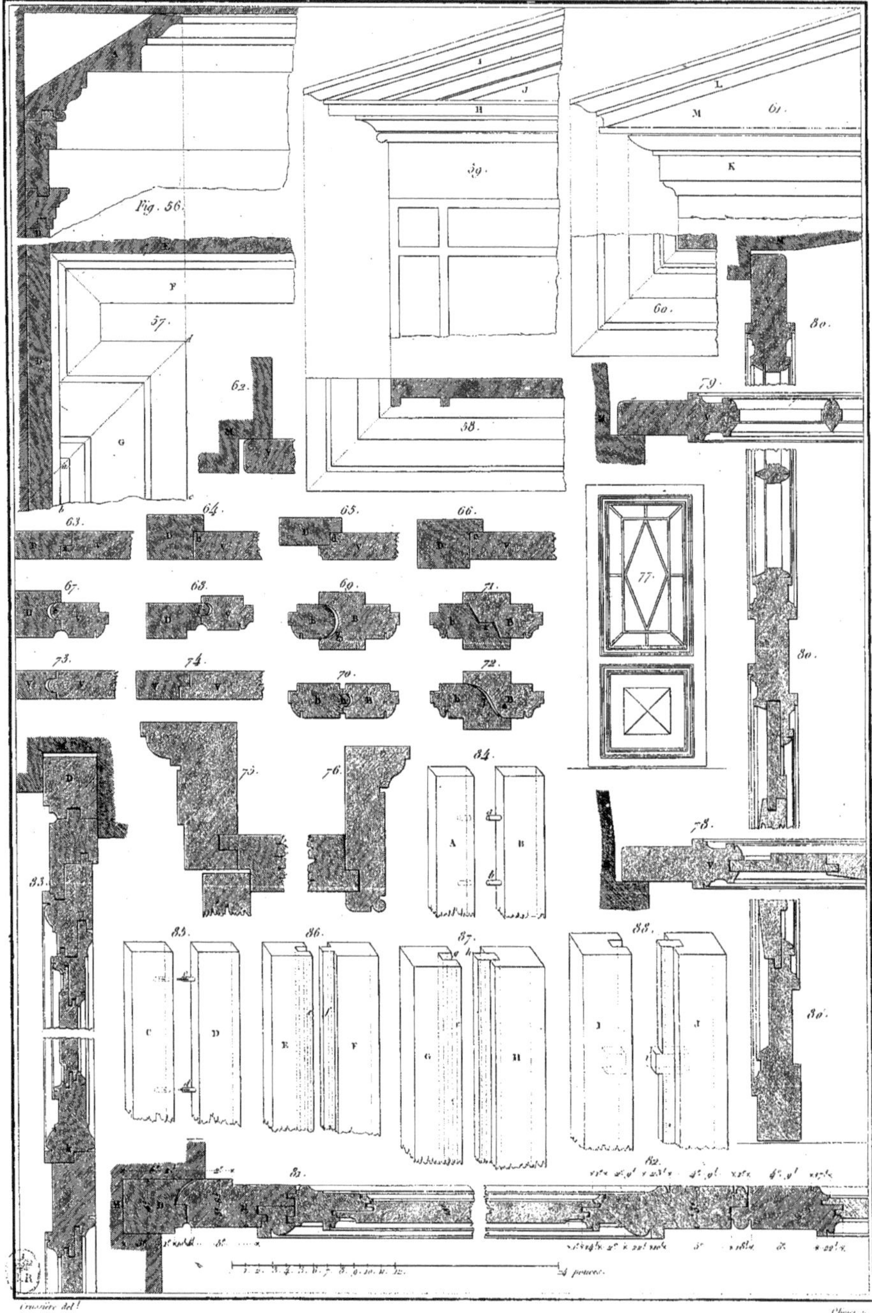
Fig. 56.
57.
Fig. 56.
39.
60.
61.
K
L
M
80.
79.
62.
58.
63. 64. 65. 66.
67. 68. 69. 71.
73. 74. 70. 72.
77.
80.
75. 76. 84.
78.
93.
85. 86. 87. 88.
A B
C D E F G H J J
80.
82.
83.
4 pouces.

Crucière del.
Chev. sc.

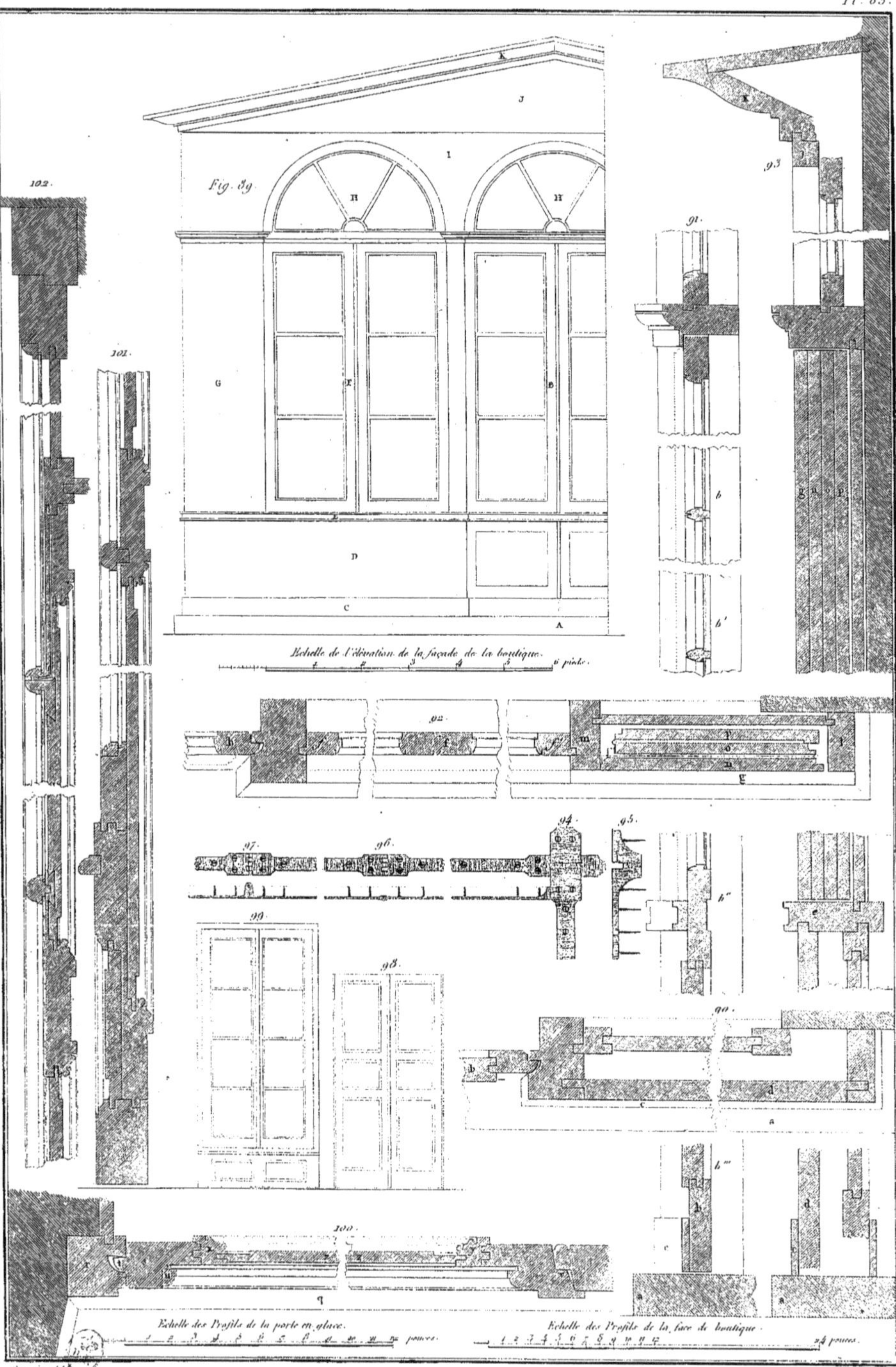
102.
101.
Fig. 89.
91.
93.
Echelle de l'élévation de la façade de la boutique.
1 2 3 4 5 6 pieds.
92.
97. 96.
94. 95.
99.
98.
100.
90.
Echelle des Profils de la porte en glace.
pouces.
Echelle des Profils de la face de boutique.
1 2 3 4 5 6 7 8 9 10 11 12
24 pouces.
Crussaire del.
Olivier sc.

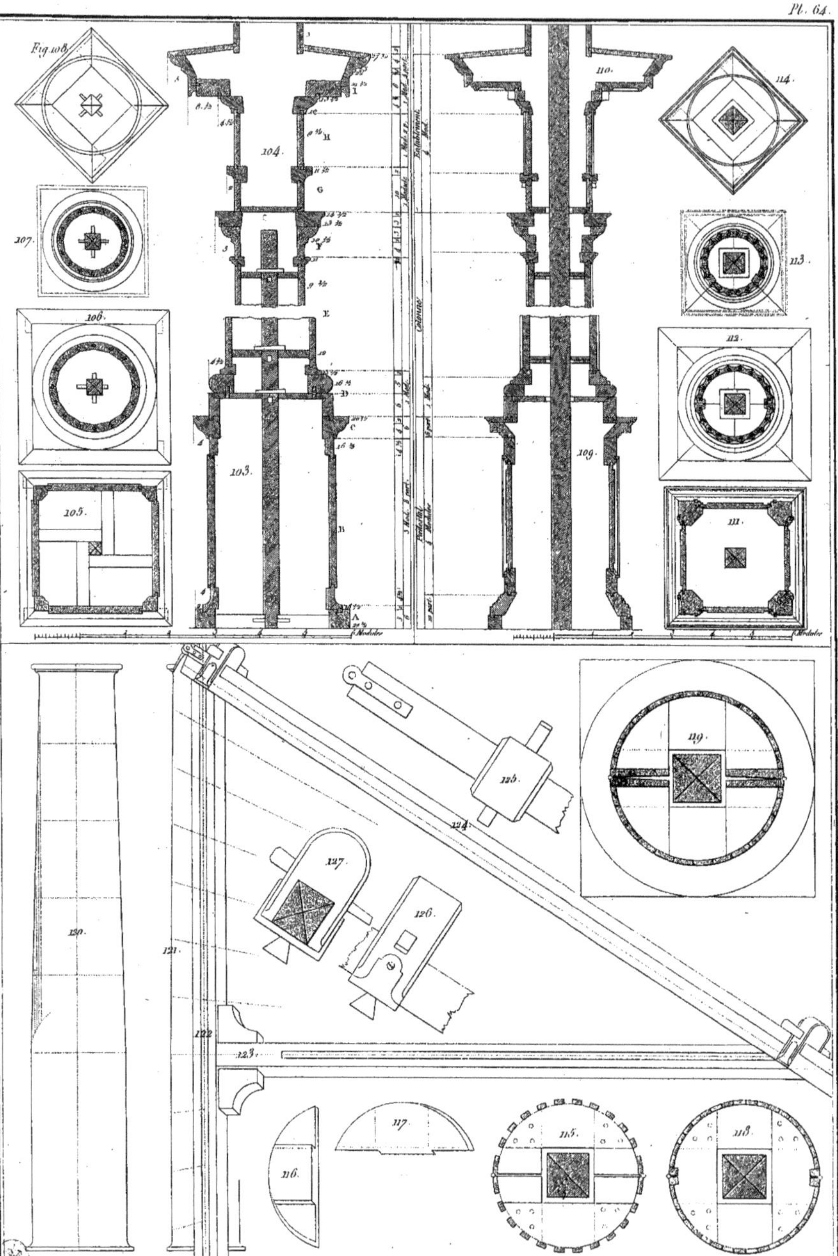

Fig.108.
107.
106.
105.
104.
103.
110.
109.
114.
113.
112.
111.
130.
121.
122.
123.
124.
125.
126.
127.
119.
116.
117.
115.
118.

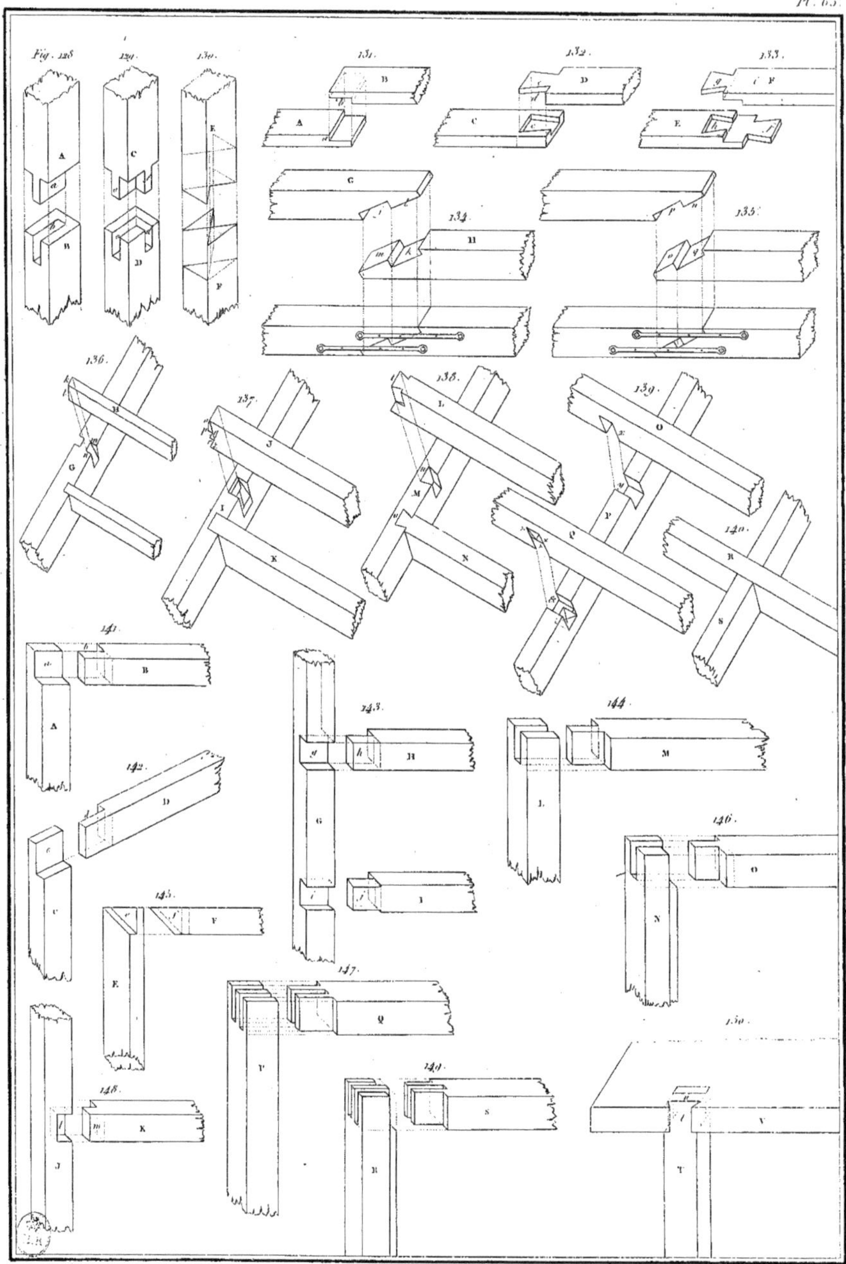

Fig. 128.
129.
130.
131.
132.
133.
134.
135.
136.
137.
138.
139.
140.
141.
142.
143.
144.
145.
146.
147.
148.
149.
150.
A
B
C
D
E
F
G
H
I
J
K
L
M
N
O
P
Q
R
S
T
V

Cruvelier del.
Olivier sc.

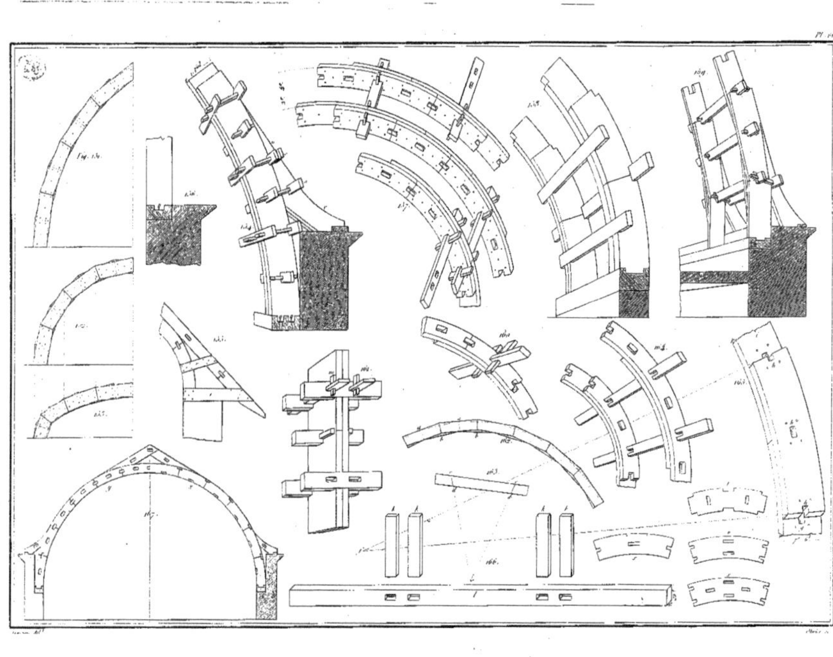

PARQUETS ET PLANCHERS.

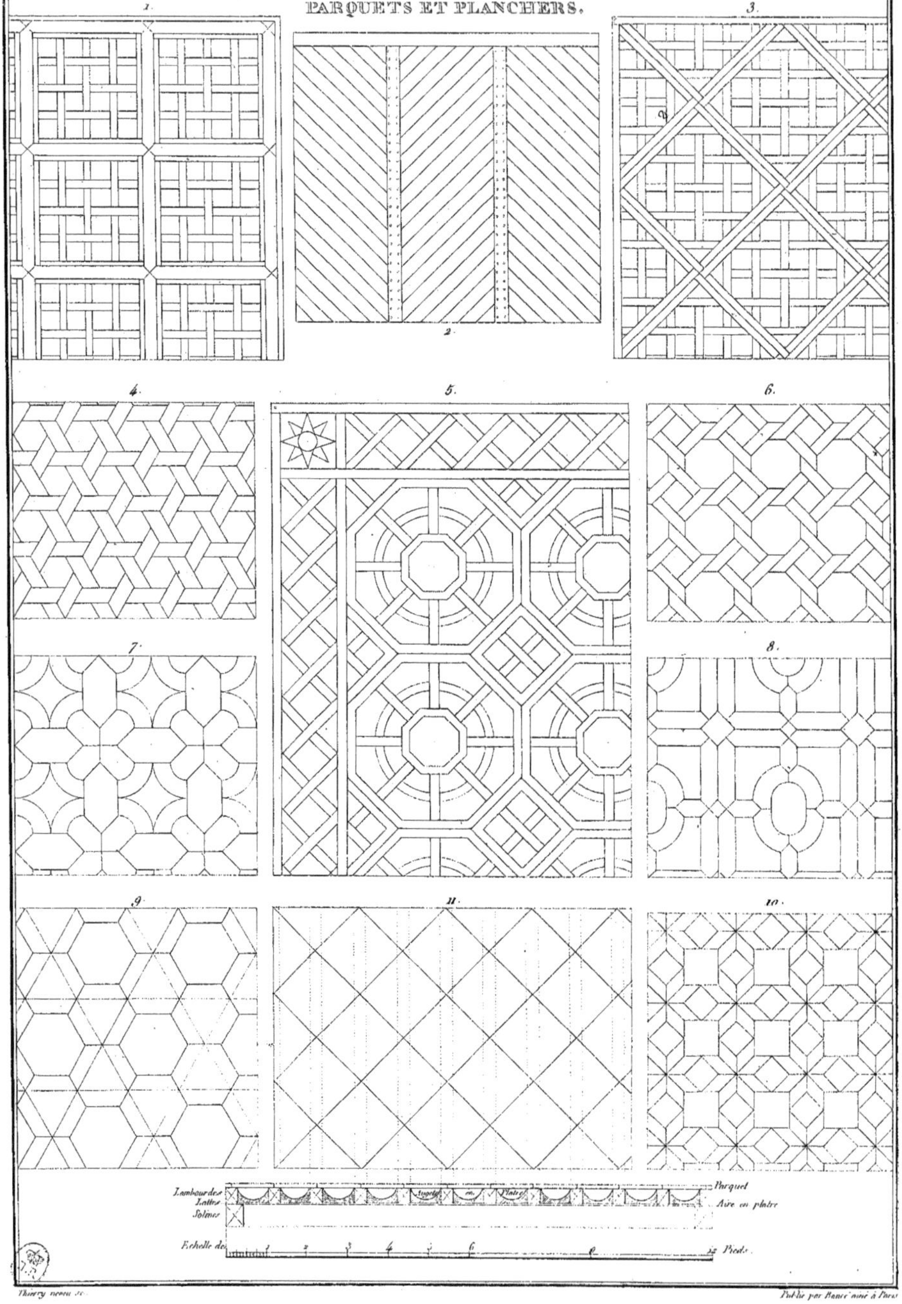
1.
2.
3.
4.
5.
6.
7.
8.
9.
11.
10.
Lambourdes
Lattes
Solives
Augets en Platre
Parquet
Aire en platre
Echelle de
1 2 3 4 5 6 9 12
Pieds.

Thiery neveu sc.
Publié par Bance aîné à Paris

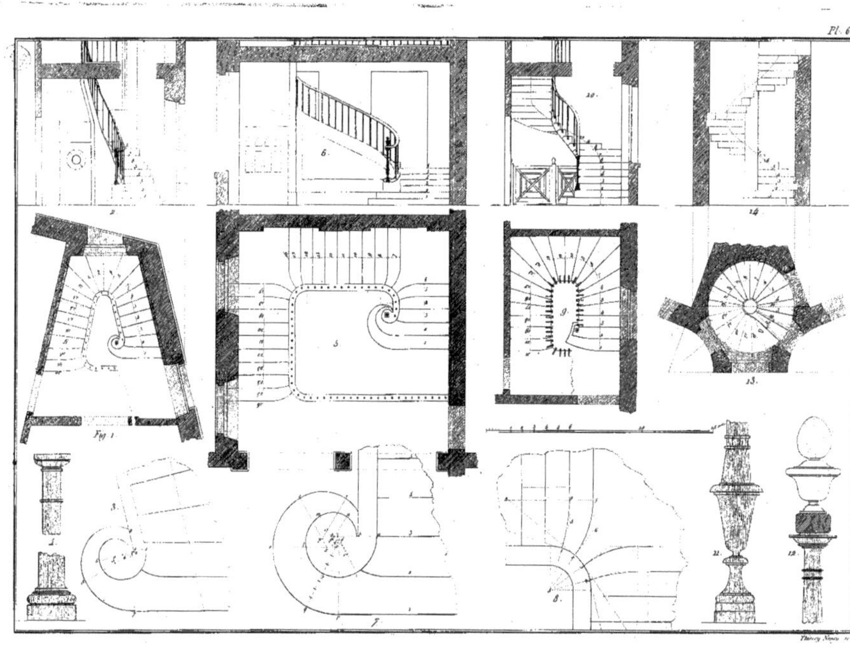

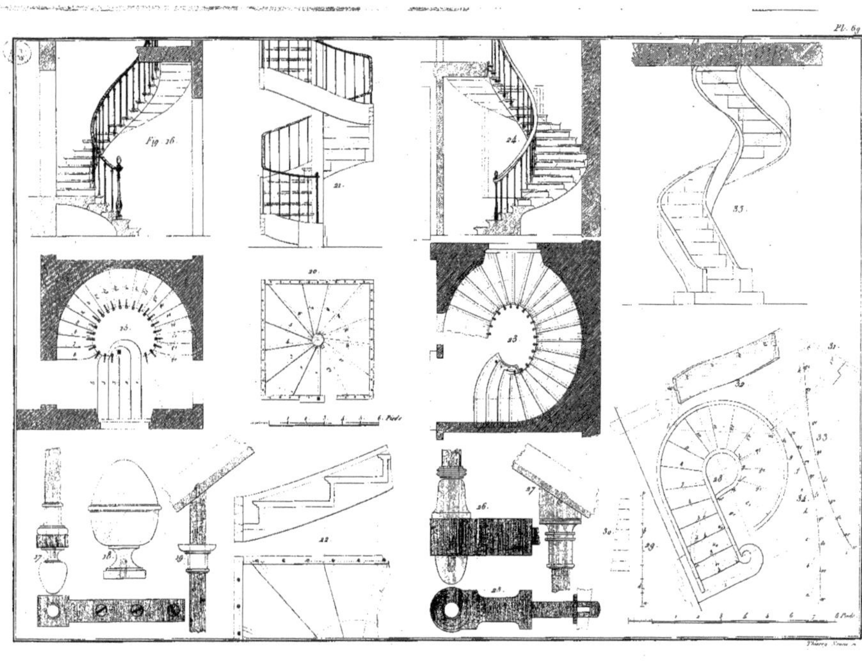

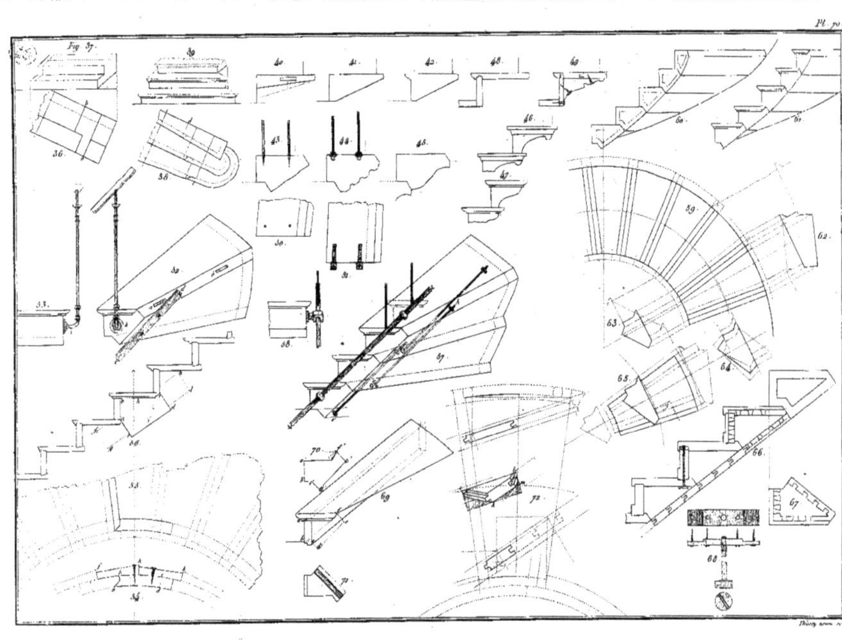

Fig. 37.

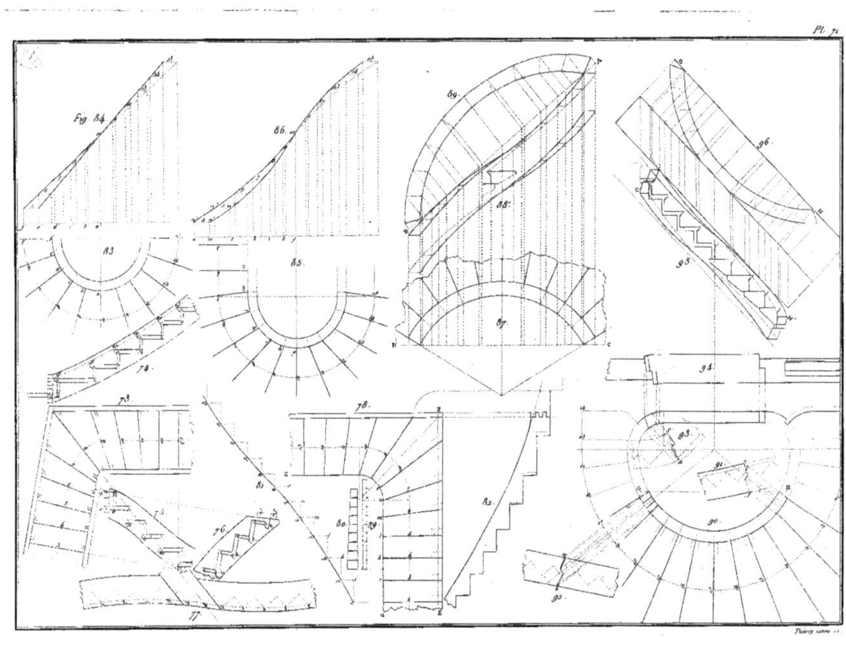

Fig. 84.
86.
89.
96.
88.
83.
85.
87.
93.
74.
91.
94.
73.
78.
95.
82.
75.
76.
81.
80.
79.
77.
90.
92.

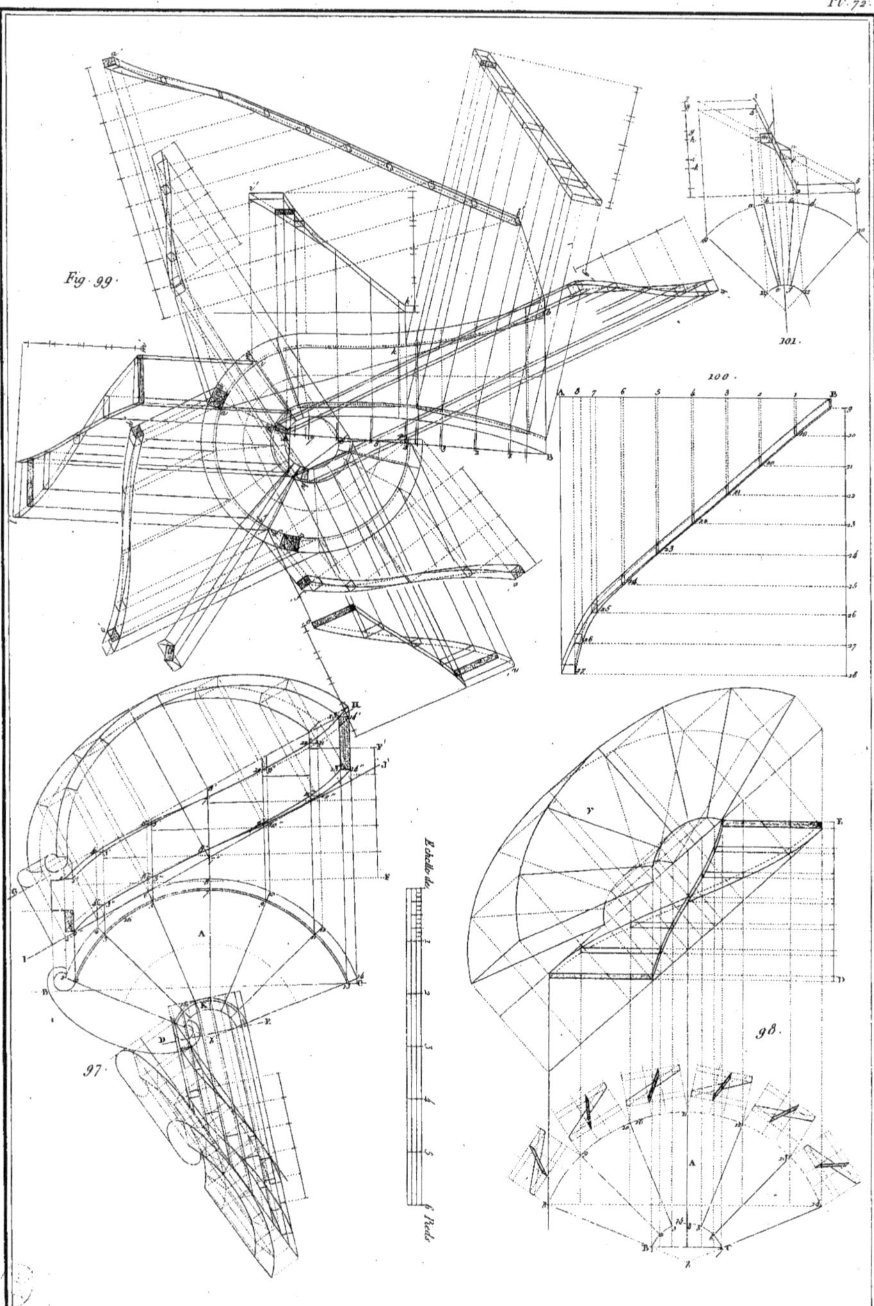

Pl. 72.
Fig. 99.
100.
101.
97.
98.
Echelle de
1
2
3
4
5
6 Pieds
Olivier sc.

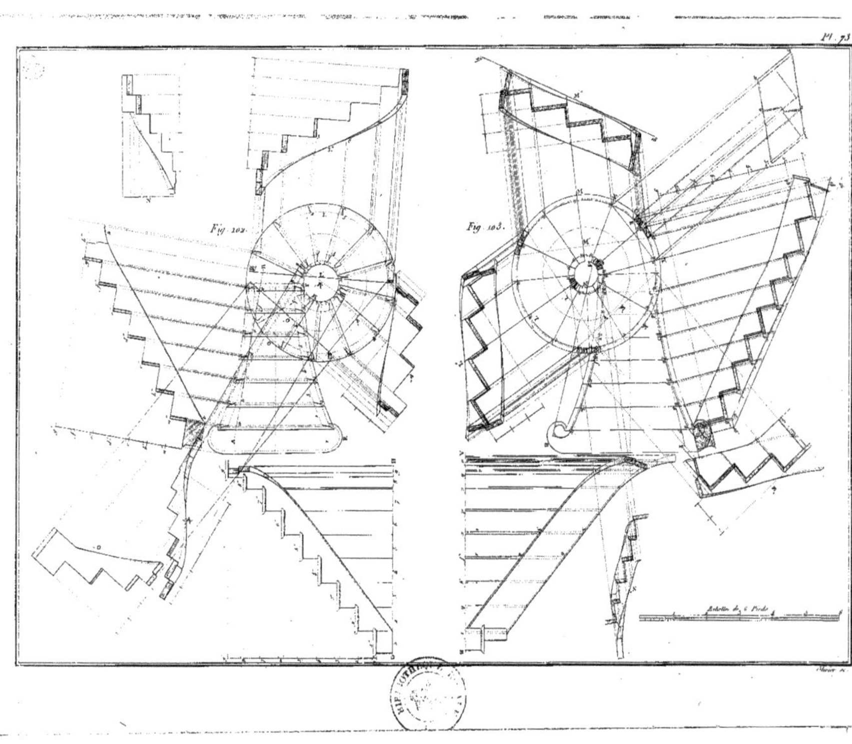

Fig. 102.

Fig. 103.

Echelle de 6 Pieds.